westermann

AF186078

TEAM *LUPE* ERMITTELT

Das sprechende Paket

Detektivausweis: LUPE
Lulu
Typisch ich: Juchuuuuu - Judo!
Bücherratte

Detektivausweis: LUPE
Umut
Typisch ich: immer Musik im Ohr
Computer-Checker

Detektivausweis: LUPE
Paul
Typisch ich: Tischtennis-Champ
Herrchen von Murmel

Detektivausweis: LUPE
Elsa
Typisch ich: Tiere, Tiere, Tiere
Quasseltante (manchmal)

4

Lesen
BASIS

Erarbeitet von
Sarina Anjum, Borken
Anna-Katharina Lautenschläger, Erlensee

INHALT

 Unser Fall: Das sprechende Paket 4

 Kapitel geschafft? Dann hake es in diesen Feldern ab.

Unser Fall: Das sprechende Paket

Die Sonne scheint ins Gartenhäuschen.
Trotzdem macht Umut ein Gesicht wie drei Tage Regenwetter.
„Seit einem Monat haben wir keinen neuen Fall!", beschwert er sich.
Lulu seufzt: „Ich würde ja gerne einen Fall herzaubern, wenn ich könnte."
Auf einmal fangen Murmel und Uno an zu knurren.
„Paket für euch, Kinder!", ruft ein Postbote.
„Nanu?", wundert sich Elsa. „Wir haben doch nichts bestellt."
Paul nimmt das Paket an.
Es ist in rotes Papier eingewickelt und an TEAM LUPE adressiert.
„Kein Absender", stellt Lulu fest.
Umut grinst von einem Ohr zum andern: „Super! Ein neuer Fall
für TEAM LUPE!"

„Ein neuer Fall für TEAM LUPE!"
Finde die Hinweise und löse mit den Detektiven
einen Fall rund um ein geheimnisvolles Paket.

Was wollen wir spielen?

Lulu sitzt bei Elsa im Kinderzimmer. Draußen regnet es.
„Was wollen wir spielen?", will Elsa wissen.
„Wie wäre es mit einem Kartenspiel?", schlägt Lulu vor.
Elsa schüttelt den Kopf: „Mmh, nee, darauf habe ich
5   keine Lust. Ich spiele schon immer mit Oma Karten.
Lass uns etwas Anderes machen."
Lulu ist etwas enttäuscht. Sie hätte Lust dazu gehabt.
Aber sie kann Elsa verstehen.

Nun macht Elsa einen Vorschlag: „Wir könnten mit meinem
10   neuen Puppenhaus spielen. Schau, es steht dort hinter
dem Karton." Davon ist Lulu nicht begeistert.
Sie meint kopfschüttelnd: „Mit Puppen spielen macht mir
keinen Spaß. Ich weiß gar nicht so genau warum,
aber es ist so." Elsa nickt. Sie weiß, was Lulu meint.
15   Wenn ihre Schwester Mona mit ihr puzzeln will,
hat Elsa auch selten Lust darauf.

„Okay, kein Problem," antwortet sie deshalb,
„ich kann ja auch noch morgen damit spielen."
Lulu nickt erleichtert, dann meint sie noch:
20   „Weißt du, ich baue lieber Dinge."
Das bringt Elsa auf eine Idee, die ihnen beiden Spaß
machen könnte.
„Wie wäre es, wenn wir aus dem Karton vom Puppenhaus
ein eigenes Haus bauen?", schlägt sie vor.
25   Diese Idee findet Lulu spitze!
Den Rest des Nachmittages sind die beiden Mädchen
damit beschäftigt, Fenster und eine Tür aus dem Karton
zu schneiden und die Wände zu bemalen.
Als Lulus Papa seine Tochter abholen kommt, findet er
30   die beiden Mädchen lachend in ihrem selbst gebauten Haus.

› sinnentnehmend lesen

 **1** Ordne die Sprechblasen den Kindern zu. Verbinde.

Ich spiele schon immer mit Oma Karten.

Ich kann ja auch noch morgen damit spielen.

Das Spielen mit Puppen mag ich nicht.

Puzzeln möchte ich fast nie.

Wollen wir ein eigenes Haus bauen?

Ich baue lieber Dinge.

 **2** Worauf einigen sich Elsa und Lulu schließlich? Schreibe.

_____

_____

_____

 **3** Wie verhalten sich Lulu und Elsa im Gespräch? Kreuze an.

☐ Elsa und Lulu wollen beide nur das spielen, worauf sie selbst Lust haben.

☐ Elsa und Lulu zeigen Verständnis füreinander.

☐ Elsa und Lulu geben beide nicht nach.

› einem Text Informationen entnehmen
› Aussagen zuordnen
› Fragen zum Text beantworten

5

Lageplan der Grundschule Neustadt

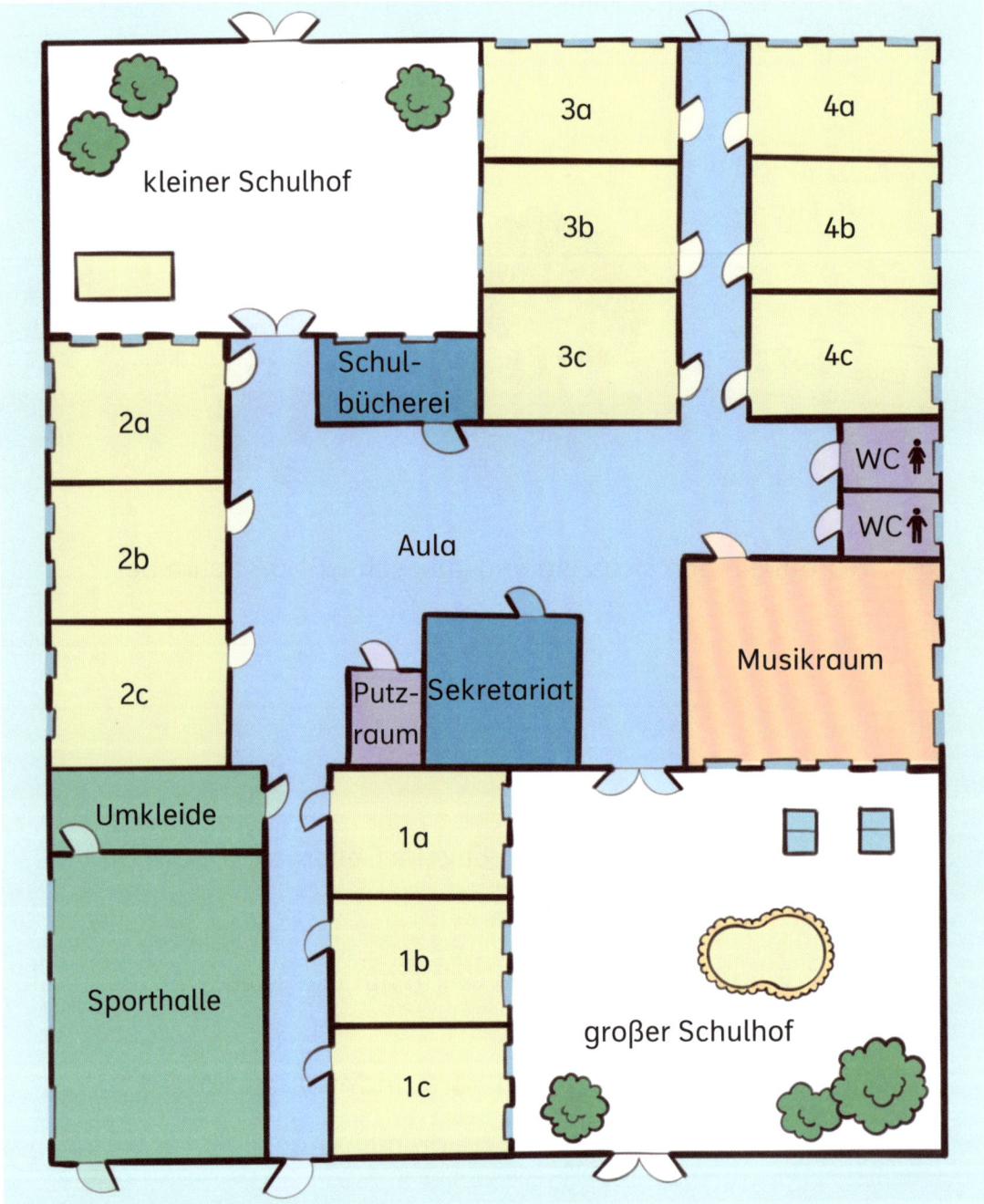

1 Zeichne den Weg in den Plan ein, den Elsa beschreibt.

> Mein Schultag beginnt heute auf dem großen Schulhof.
> Wenn es klingelt, gehe ich ins Schulgebäude, denn ich
> habe in der 1. Stunde im Musikraum Unterricht.
> Danach gehe ich mit einigen Kindern meiner Klasse
> in die Schulbücherei.
> Dort haben wir eine Übungsstunde Lesen.
> Meine Pause verbringe ich auf dem kleinen Schulhof.
> Bevor ich in der 3. und 4. Stunde dann bei mir im
> Klassenraum der 4a Unterricht habe, gehe ich noch auf
> die Mädchentoilette.
> Nach der 4. Stunde melde ich mich in der Aula
> in der Nachmittagsbetreuung an und darf bis zum
> Mittagessen auf dem kleinen Schulhof spielen.

2 Was stimmt? Was stimmt nicht? Was ist auf dem Plan nicht zu sehen?

	👍	👎	👁
Die Aula ist außerhalb des Schulgebäudes.	☐	☐	☐
Die Räume der 4a und der 4b liegen gegenüber.	☐	☐	☐
Das Schulgebäude ist 25 Meter lang.	☐	☐	☐
Das Sekretariat ist neben dem Ausgang zum großen Schulhof.	☐	☐	☐
Die 4b ist die Nachbarklasse der 4c.	☐	☐	☐
Neben der Schulbücherei befindet sich der Putzraum.	☐	☐	☐
Der Musikraum ist der größte Raum.	☐	☐	☐

› einen Weg im Lageplan nachvollziehen
› Aussagen im Text überprüfen

Der verlorene ???

 **1** Lies den Text und löse die Bilderrätsel. Schreibe.

„Oh nein, wo ist nur mein 🏮 + r _____!", ruft Elsa.

„Wo hast du ihn denn zuletzt gesehen?", will Umut wissen.

„Na hier", entgegnet Elsa, „er liegt immer genau zwischen meinem

🏔 aw + al _____ und meinen 🐂 er + ften

_____. Aber da ist er nicht mehr."

„Ist er dir vielleicht in deine 🍾 Fl = T _____ gefallen?",

fragt Paul. Elsa schüttelt betrübt den 🍲 T = K _____.

„Dann lasst uns alle gemeinsam suchen", schlägt Lulu vor.

Paul sucht unter der ☕ ss = f + l _____.

Lulu schaut neben der 🥅 o = ü _____ nach.

Umut sucht neben dem 🌧 en = al _____ und Elsa

bei der ❤️ r = i + ung _____.

Plötzlich ruft Umut: „Ich habe ihn! Er lag neben der 📝 L = K

_____ mit den Spielsachen für die 🌳 f + se _____."

„Was für ein 🍷 a = ü, s = ck _____. Danke, Umut!", meint

Elsa erleichtert und dreht sich dann auch noch zu Lulu und Paul um:

„Danke, dass ihr mir alle beim Suchen geholfen habt. Ihr seid echt

tolle 9 N = Fr + de _____."

2 Wer sucht wo im Raum? Trage die Namen der Kinder in den Plan ein.

3 Beantworte die Fragen. Schreibe.

Welchen Gegenstand sucht Elsa?

_____

Wo schlägt Paul vor zu suchen?

_____

Wo wird der Gegenstand schließlich gefunden?

_____

Was macht Elsa zum Schluss?

_____

4 Welches Bilderrätsel hat als Lösungswort **Radiergummi**? Kreuze an.

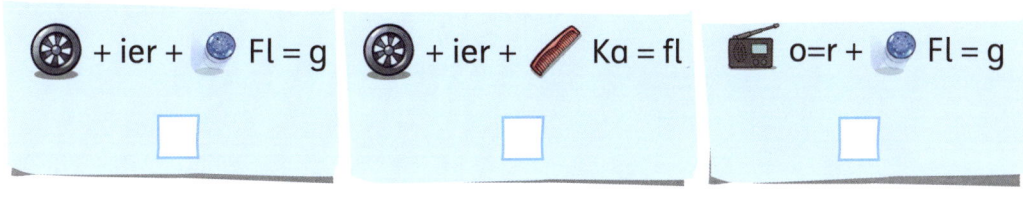

› Fragen zum Text beantworten
› einem Text Informationen entnehmen
› ein Bilderrätsel lösen

Auf dem Weg

Mit meinem Ranzen bin ich auf dem Weg,
die Straße entlang, dann weiter am ＿＿＿＿＿＿.
Wie ist der Ranzen nur wieder so schwer,
ich wünsche mir so, er wär' einmal ＿＿＿＿＿＿.

5 Mein Rücken tut weh, ich kann bald nicht mehr,
weniger Bücher, das wünscht' ich so ＿＿＿＿＿＿.
Jetzt noch den Hügel zur Schule hinauf,
ich hab' so gar keine Lust mehr ＿＿＿＿＿＿.

Da kommt Anton herbei, läuft neben mir ＿＿＿＿＿＿,
10 er grüßt und grummelt: „Das Ding ist so schwer!"
Ich weiß, was er meint, und nicke nur stumm,
dann fällt mir was ein. Wie sind wir so ＿＿＿＿＿＿!

Ich sage zu Anton, ich weiß was wir ＿＿＿＿＿＿,
wir teilen die Bücher, was sagst du nun?
15 Anton findet den Einfall ganz ＿＿＿＿＿＿,
dann sind beide Ranzen nicht mehr so voll.

1 Setze die passenden Reimwörter in das Gedicht ein.

tun	her	sehr	dumm
leer	darauf	Steg	toll

2 Welche Idee hat das Kind, damit der Ranzen nicht mehr so schwer ist?

＿＿＿＿＿＿＿＿＿＿＿＿＿＿＿＿＿＿＿＿＿＿＿＿＿＿＿＿＿

＿＿＿＿＿＿＿＿＿＿＿＿＿＿＿＿＿＿＿＿＿＿＿＿＿＿＿＿＿

› ein Gedicht vervollständigen
› Fragen zum Text beantworten
› den eigenen Lernstand einschätzen

Spurensicherung: Der 1. Hinweis!

Die Detektive untersuchen das Paket auf Fingerabdrücke.
Leider sind alle verwischt. Vorsichtig entfernt Paul das rote Papier.
Lulu öffnet den Deckel des Pakets.
Plötzlich hören die Kinder eine verstellte Stimme: „Bitte helft mir!
Ich finde mein Mars-Forscherset nicht mehr. Ich habe vier Teile
an vier Orten versteckt. So gut, dass ich sie nicht wiederfinden kann.
Sucht sie, bitte, und bringt mein ..."
Erschrocken lässt Lulu den Deckel fallen.
Die Stimme verstummt.
„Ein sprechendes Paket!", flüstert Umut.
Lulu macht den Deckel wieder auf.
Die Stimme redet weiter: „... Forscherset zurück.
Ich wohne im Bachstein Weg 44."
Paul ruft: „Ich weiß, wie der Trick funktioniert!"

? Innen im Paket ist ein Chip versteckt. Wie funktioniert der Chip?

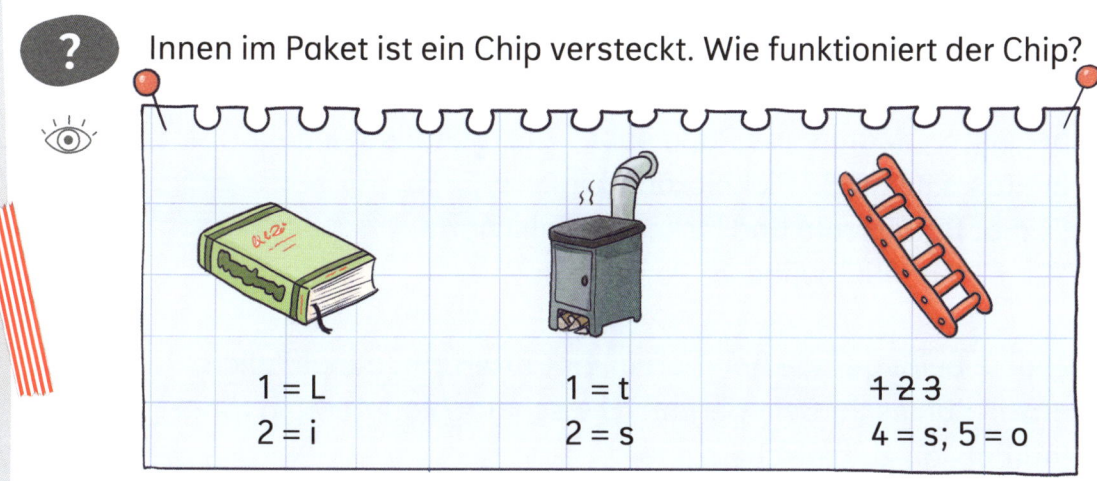

1 = L	1 = t	~~1~~ ~~2~~ 3
2 = i	2 = s	4 = s; 5 = o

☐ über einen Lichtschalter ☐ über einen Lichtsensor

1a

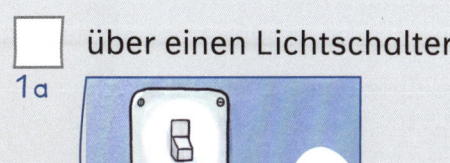 h

1b

 z

Ein Schreck im Wald

Leonie und Florian sind Geschwister. Sie wollen mit ihren
Eltern wandern gehen. Für einen Ausflug ist heute
das beste Wetter. Die Sonne scheint, aber es weht auch
schon eine leichte, herbstliche Brise.

5 Die Kinder packen ihre Rucksäcke voll mit Essen und
Getränken. Dann machen sie sich auf den Weg.
Die Familie wandert über Wiesen und durch einen Wald.
Die Laub- und Nadelbäume spenden Schatten und es ist
angenehm kühl. Leonie atmet die frische Luft tief

10 ein, lauscht in den Wald hinein und meint:
„Wenn wir draußen unterwegs sind, ist es
immer so schön ruhig. Das mag ich gerne."

Nach einer Weile kommt die Familie
auf eine Lichtung mit einem kleinen Bach.

15 Hier spüren sie wieder die warme Sonne auf der Haut.
„Das ist der perfekte Ort für unser Picknick!", ruft Florian
begeistert. Mama und Papa sehen das genauso und
breiten eine große Picknickdecke aus.
Es gibt Butterbrote und leckere Apfelschorle.

20 „Guten Appetit", wünscht Papa allen.

Leonie beißt gerade herzhaft in ihr Butterbrot, als plötzlich
etwas Kühles ihr Bein berührt. Sie schaut hinunter und fängt
lauthals an zu kreischen.
„Hilfe", schreit sie, „da ist eine Schlange!" Leonie springt auf

25 und Florian flüchtet vor lauter Schreck gleich mit.
Doch Mama versucht, die Kinder zu beruhigen: „Keine
Angst, das ist keine Schlange, sondern eine Blindschleiche."
„Ja, genau", erwidert Papa, „Blindschleichen sind Echsen
ohne Beine. Deshalb verwechselt man sie oft mit einer

30 Schlange. Sie sind aber völlig ungefährlich."

› sinnentnehmend lesen

Die Blindschleiche ist mittlerweile wieder im hohen Gras verschwunden. Leonie und Florian atmen auf: „So ein Glück – also doch keine giftige Schlange." Die Kinder setzen sich wieder auf die Decke und beenden das Picknick. Leonie legt
35 sich hin und macht sich breit. Sie sagt: „In der Natur zu sein ist wirklich toll. Manchmal ist es einfach nur still. Und manchmal erlebt man die aufregendsten Abenteuer!" Sie schließt die Augen und genießt, wie die Sonne ihre Nase kitzelt.

 **1** Welche Sätze stehen genauso im Text? Kreuze an.

Leonie und Florian wollen mit ihren Eltern wandern gehen. ☐

Die Kinder packen ihre Rucksäcke voll mit Essen und Getränken. ☐

Die Familie wandert durch einen Wald. ☐

Es ist ein regnerischer Tag. ☐

Blindschleichen sind Eidechsen. ☐

Die Blindschleiche verschwindet im niedrigen Gras. ☐

Leonie und Florian atmen auf. ☐

Leonie legt sich hin und macht sich breit. ☐

 **2** Welche Reihenfolge ist richtig? Nummeriere.

 **3** Verbinde die passenden Satzteile.

Leonie und Florian o

o sind Geschwister.

o sind Freunde.

Es gibt o

o Butterbrote und Kirschschorle.

o Butterbrote und Apfelschorle.

Blindschleichen o

o sind Echsen ohne Beine.

o sind Schlangen.

4 Beantworte die Fragen. Gib an, in welcher Zeile du die Information gefunden hast.

Welche Bäume stehen in dem Wald, durch den die Familie wandert?

_____

Zeile: _____

Was macht Leonie gerade, als die Blindschleiche ihr Bein berührt?

_____

Zeile: _____

Wer beruhigt die beiden Kinder, als sie Angst haben?

_____

Zeile: _____

› Sätze zum Text vervollständigen
› Fragen zum Text beantworten
› Textstellen finden

Die Olympischen Spiele

Die Olympischen Spiele sind das älteste und größte
Sportfest der Welt. Oft sagen die Menschen auch Olympiade
zu diesem Fest. Das ist aber falsch, denn Olympiade ist
eigentlich die Zeit zwischen zwei Olympischen Spielen.
Es wird zwischen Sommer- und Winterspielen
unterschieden. Die Spiele finden alle vier Jahre statt.

Es gibt mehr als 30 Olympische Sportarten.
Dazu gehören zum Beispiel Bogenschießen, Handball, Rudern
oder Tennis. Die Spiele werden je nach Sportart in Einzel-
wettkämpfen oder in Mannschaftswettbewerben durchgeführt.
Die ersten drei Sieger oder Siegerinnen einer Disziplin erhalten
eine Medaille. Es gibt Bronze-, Silber- und Goldmedaillen.

Auch für Menschen mit einer körperlichen Behinderung gibt es
Olympische Sommer- und Winterspiele. Man nennt sie Paralympics.
Das Wort setzt sich aus „paraplegic" (gelähmt) und „olympic"
(olympisch) zusammen. Das heißt aber nicht, dass alle
Menschen, die daran teilnehmen, gelähmt sind.

Zu Beginn der Olympischen Spiele wird ein Feuer angezündet.
Dafür bündelt man Sonnenstrahlen mit einem Spiegel.
Das Feuer wird also nicht einfach mit einem Streichholz entzündet.
Oft bringen berühmte Persönlichkeiten das Feuer mit einer Fackel
zu dem Ort, an dem die Olympischen Spiele stattfinden.

› sinnentnehmend lesen

_____

Es gibt auch eine Oympische Flagge. Auf ihr sind fünf Ringe zu sehen, die verschiedene Farben haben. Die Farben sind blau, schwarz, rot, gelb und grün. Die Ringe stehen für die fünf Kontinente, aus denen die Menschen für die Spiele kommen.

_____

Bereits im antiken Griechenland, vor vielen tausend Jahren, veranstalteten die Menschen sportliche Spiele. Damals wurden unter den Männern Wettkämpfe im Laufen, Fünfkampf, Faustkampf und Wagenrennen ausgetragen. Der Sieger bekam einen Kranz aus Olivenzweigen. Die Spiele fanden in der Stadt Olympia statt.

 **1** Ordne die Überschriften den passenden Absätzen im Text zu. Schreibe sie auf die Linien.

Die Paralympics   Die Olympiade   Die Olympische Flagge

Das Olympische Feuer   Das antike Griechenland

Die Olympischen Sportarten

 **2** Welche Flagge ist die Olympische Flagge? Kreuze an.

› zentrale Aussagen von Textabschnitten erfassen und Überschriften zuordnen
› einem Text Informationen entnehmen

 **3** Verbinde die olympischen Sportarten mit dem passenden Bild.

✳ Rudern ✳ ✳ Handball ✳ ✳ Tennis ✳ ✳ Kanu ✳

✳ Volleyball ✳ ✳ Bogenschießen ✳ ✳ Badminton ✳

 **4** Was stimmt? Was stimmt nicht? Was steht nicht im Text? Kreuze an.

	👍	👎	👁
Olympiade ist ein anderes Wort für die Olympischen Spiele.	☐	☐	☐
Es gibt mehr als 30 Olympische Sportarten.	☐	☐	☐
Boxen ist eine Olympische Sportart.	☐	☐	☐
Die Paralympics sind für Menschen mit einer Beeinträchtigung.	☐	☐	☐
Das Olympische Feuer wird mit einem Streichholz angezündet.	☐	☐	☐
Die Olympische Flagge wurde vor 100 Jahren erfunden.	☐	☐	☐

› Textinhalt und Bilder aufeinander beziehen
› Aussagen zum Text überprüfen

Spurensuche auf dem Weihnachtsmarkt

 **1** Wenn du wissen willst, was auf dem Weihnachtsmarkt passiert, lies die Texte der Reihe nach durch. Schreibe die Buchstaben aus dem Bild neben dem passenden Text auf.

1 Elsa und Lulu sind mit ihren Eltern auf dem Weihnachtsmarkt. Elsas Hund Uno ist auch dabei. Er trägt heute ein kleines Glöckchen an seinem Halsband.
Elsa und die anderen schauen sich die vielen Stände und Hütten an. Nach einer Weile bekommen die Kinder und die Erwachsenen Hunger. Sie stellen sich an dem Engel-Stand an. Dort gibt es Kartoffelpuffer. Da merken sie, dass Uno verschwunden ist! Wo ist er nur geblieben? Lulu meint: „Vielleicht ist er dem Geruch von Bratwürstchen gefolgt!"

2 Am Stand mit den Bratwürstchen suchen Elsa, Lulu und die Eltern leider vergeblich nach Uno. Keine Spur von ihm!
Da entdeckt Elsa einen Weihnachtsmann. Er trägt einen dicken Sack, in dem sie es rascheln hören. Ob Uno das Geräusch auch gehört hat?

3 „Hallo Weihnachtsmann", begrüßt Elsa ihn, „hast du zufällig meinen Hund Uno gesehen? Er ist klein und hat ein braun-weißes Fell." Der Weihnachtsmann denkt kurz nach und erwidert dann: „Ich meine, dass ich einen Hund beim Pferdekarussel gesehen habe."

4 Beim Pferdekarussell angekommen, erblickt Lulu tatsächlich einen kleinen Hund, der verspielt herumtollt. Allerdings ist es leider nicht Uno, sondern ein anderer Hund. Die Mädchen blicken sich hilflos um. Da ruft Lulus Papa: „Da hinten! Ich glaube, ich sehe Uno bei der Schlittschuhbahn!"

5 Auf der Schlittschuhbahn drehen viele Kinder ihre Runden. Sie lachen und freuen sich. Das sieht wirklich nach Spaß aus, aber Uno ist weit und breit nicht zu erspähen.

6 So langsam verlieren die Mädchen ein wenig den Mut. Elsa fragt bestürzt: „Wo sollen wir denn noch suchen?" Da hört Lulu plötzlich ein leises Klingeln beim Weihnachtsbaum. Das klingt doch nach Unos Glöckchen.

7 Aber hier ist er auch nicht. Das Klingeln des Glöckchens kommt eindeutig vom Parkplatz, auf dem sie zu Beginn das Auto abgestellt hatten. Und tatsächlich, dort sitzt Uno. Er wackelt immer wieder mit dem Kopf, sodass sein Glöckchen erklingt. Elsa kombiniert: „Natürlich! Als Uno uns nicht mehr finden konnte, ist er zum Auto gelaufen, weil er wusste, dass wir irgendwann kommen würden. Uno ist so ein schlauer Hund!"

 **2** Trage die Lösungsbuchstaben aus den Kreisen hier ein und du erfährst, was alle zusammen nach dem Schreck essen.

— — — — — — — — —

› die Textsorte Lesespur kennen
› sinnentnehmend lesen
› Textinhalt und Bild aufeinander beziehen

19

Detektivwissen überprüfen

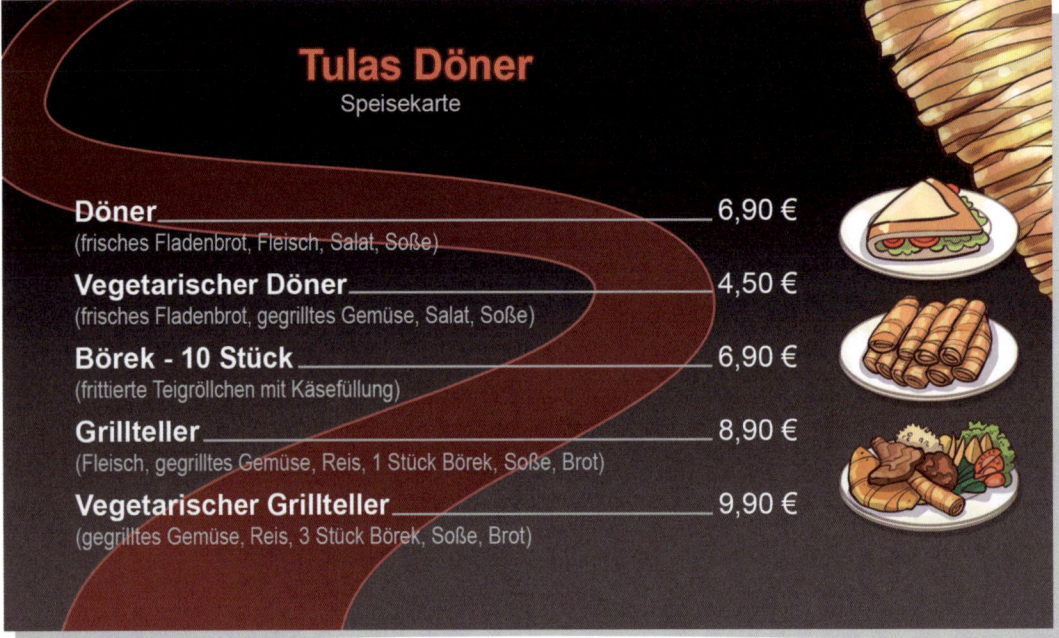

Tulas Döner
Speisekarte

Döner (frisches Fladenbrot, Fleisch, Salat, Soße)	6,90 €
Vegetarischer Döner (frisches Fladenbrot, gegrilltes Gemüse, Salat, Soße)	4,50 €
Börek - 10 Stück (frittierte Teigröllchen mit Käsefüllung)	6,90 €
Grillteller (Fleisch, gegrilltes Gemüse, Reis, 1 Stück Börek, Soße, Brot)	8,90 €
Vegetarischer Grillteller (gegrilltes Gemüse, Reis, 3 Stück Börek, Soße, Brot)	9,90 €

 **1** Beantworte die Fragen. Schreibe.

Wie viel kostet der vegetarische Döner?

_____

Was ist ein Börek?

_____

Wie viele Gerichte stehen auf der Karte?

_____

Was bekommt man auf dem Grillteller?

_____

Welche Gerichte sind ohne Fleisch?

_____

› die Textsorte Speisekarte kennen
› Fragen zu einem Text beantworten
› den eigenen Lernstand einschätzen

Spurensicherung: Der 2. Hinweis!

Paul erklärt den Trick: „Wenn man den Deckel des Pakets öffnet, fällt Licht auf den Sensor. Dann spielt der Chip die aufgesprochene Nachricht ab."

Die Detektive wüssten nur zu gerne, wer ihnen das Paket geschickt hat.
Die Stimme klingt nach einem Jungen, aber sie ist zu stark verstellt.
Sie kommt ihnen nicht bekannt vor.
Doch die Nachricht ist noch nicht zu Ende.
Der Junge gibt den Detektiven die Orte durch,
an denen sie suchen sollen.
Elsa schreibt schnell mit und murmelt dabei:
„Skaterbahn, Höhle am Fluss, Bolzplatz und ..."

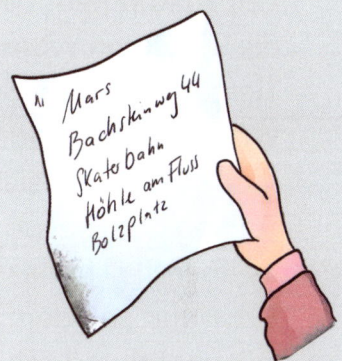

? Wo soll TEAM LUPE noch suchen? Lies rückwärts und füge die Leerräume zwischen den Wörtern wieder ein.

Krapmillessuraknetlamieb

☐ beim alten Karussell im Park   ☐ bei der alten Kapelle im Park

2a    **e**

2b    **i**

Eine Fabel ist eine kurze, erfundene Erzählung, in der Tiere sich wie Menschen verhalten. Es gibt immer etwas, das man aus der Geschichte lernen soll.

Der Esel und der Hund

Ein Bauer, ein Hund und ein Esel lebten schon seit einer langen Zeit zusammen. Der Hund bewachte das Haus, der Esel trug die schweren Waren und der Bauer kümmerte sich um die beiden Tiere. Einmal wanderten die drei über ein Feld.

5 Weil es so heiß war, machten sie eine Pause. Der Bauer wurde müde und legte sich zum Schlafen unter einen Baum.
Da fing der Esel an zu grasen. „Ich habe es wirklich gut. Hier gibt es überall schönes saftiges Gras für mich," dachte der Esel.
Der Hund sah dem Esel mit leerem Magen zu. Er sagte zum Esel:

10 „Lieber Freund, ich bin furchtbar hungrig. Wenn du dich herunter bückst, könnte ich mein Essen aus dem Korb auf deinem Rücken nehmen." Doch der Esel war faul und hatte keine Lust sich zu bücken. „Warte einfach bis unser Herr aufwacht. Er gibt dir dann dein Futter", erwiderte der Esel.

15 Kaum hatte der Esel ausgesprochen, stürzte ein hungriger Wolf aus dem Wald auf das Feld. „Zu Hilfe", rief der Esel voller Angst, „Hund, mein lieber Freund, so hilf mir doch!"
Doch der Hund rettete sich schnell auf einen Baum.
Er rief dem Esel zu: „Warte einfach, bis unser Herr aufwacht.

20 Er wird dich dann vor dem Wolf beschützen."

nach Jean de La Fontaine

Der Rabe und der Fuchs

Eines Morgens saß ein Rabe mit einem gestohlenem Stück Käse im Schnabel auf einem Baum. Er wollte in Ruhe seinen Käse genießen. Angelockt durch den Duft des Käses, kam ein Fuchs vorbei. Er überlegte, wie er den Käse von dem Raben

5 bekommen könnte. Dann hatte er eine listige Idee.

Der Fuchs lobte den Raben freundlich: „Oh Rabe, du bist so ein
wunderbarer Vogel. Wenn dein Gesang genauso schön ist,
wie dein Gefieder, dann sollest du der König aller Vögel sein!"
Der Rabe war sehr geschmeichelt und sein Herz schlug vor Freude.
10 Stolz riss er den Schnabel auf und begann zu krächzen.
Dabei fiel das köstliche Stück Käse zum Fuchs hinunter.
Dieser schnappte sich schnell den Leckerbissen und begann
zu fressen.
Da rief der Rabe empört: „He, das war sehr gemein!"
15 Doch der Fuchs lachte nur über den dummen Raben.

nach Äsop

 **1** Was sagen Fuchs und Rabe? Verbinde.

Ich muss diesen Käse haben!

Du siehst toll aus. Kannst du auch singen?

Er hat mich reingelegt.

Du solltest ein König sein!

 **2** Beantworte die Fragen. Schreibe.

Welche Tiere kommen in den Fabeln vor?

_____

Welche Beute trägt der Rabe im Schnabel?

_____

Warum will der Esel sich nicht hinunterbücken?

_____

 **3** Kreise jeweils passend ein.

Welche Eigenschaften passen zum Raben?

> faul   eitel
>
>   gemütlich
>
> eingebildet
>
>   schlau
>
> gemein   dumm

Welche Eigenschaften passen zum Fuchs?

> listig   freundlich
>
>   hinterhältig
>
> hilfsbereit
>
>   dumm
>
> gefräßig   schlau

 **4** Aus allen Fabeln kann man etwas lernen. Welche Lehre passt zu den zwei Fabeln? Verbinde.

> Wie du mir,
> so ich dir!

Der Esel und der Hund

> Der Klügere
> gibt nach!

Der Rabe und der Fuchs

> Hochmut* kommt
> vor dem Fall!

> Wo ein Wille ist,
> ist auch ein Weg!

*hat eine ähnliche Bedeutung wie:
Überheblichkeit, Arroganz, Wichtigtuerei

› Eigenschaften passend zuordnen
› zentrale Aussagen von Fabeln erfassen

Schulbus Fahrplan Linie 18

Haltestelle: Grundschule Neustadt, Fahrplan gültig ab 15. August

Haltestelle		täglich *			
Grundschule Neustadt	ab	13:00	14:00	15:00	16:00
Wandermühle	ab	13:04	14:04	15:04	16:04
Heiligenweg	ab	13:06	14:06	15:06	16:06
Hauptbahnhof	ab	13:09	14:09	15:09	16:09
Sommerhügel	ab	13:11	14:11	15:11	16:11
Heideweg	ab	13:12	14:12	15:12	16:12
Marktplatz	ab	13:15	14:15	15:15	16:15
Waldstraße	ab	13:17	14:17	15:17	16:17
Landstraße	ab	13:18	14:18	15:18	16:18
Neustädter Rathaus	ab	13:19	14:19	15:19	16:19
Neustadt Zentrum	an	13:20	14:20	15:20	16:20

* nicht an Sonn- und Feiertagen

1 Beantworte die Fragen. Schreibe auf.

Für welche Haltestelle gilt der Fahrplan?

_____

Ab wann gilt der Fahrplan?

_____

Welche Buslinie fährt?

_____

Wie viele Haltestellen liegen zwischen Hauptbahnhof und Neustädter Rathaus?

_____

Wie heißt die Endhaltestelle der Linie 18?

_____

› die Textsorte Fahrplan kennen
› Fragen zum Text beantworten

2 Was stimmt? Was stimmt nicht? Kreuze an.

	👍	👎
Der Bus hält an der Peterskirche.	☐	☐
Der erste Bus fährt von der Grundschule Neustadt um 13:00 Uhr ab.	☐	☐
Der Bus fährt von Montag bis Sonntag.	☐	☐
Der Bus fährt nicht an Feiertagen.	☐	☐
Der Bus braucht drei Minuten vom Marktplatz zur Landstraße.	☐	☐
Der Bus fährt fünfmal am Tag von der Grundschule Neustadt ab.	☐	☐
Der Bus hält an zehn verschiedenen Haltestellen.	☐	☐

3 Verbinde die passenden Satzteile.

Auf diesem Busfahrplan erkennt man ○
- ○ wann ein Bus abfährt.
- ○ wann ein Bus ankommt.

Dieser Bus hat ○
- ○ keine Liniennummer.
- ○ eine Liniennummer.

Der Busfahrplan zeigt ○
- ○ die Abfahrzeiten eines Schulbusses.
- ○ die Abfahrzeiten eines Reisebusses.

› Aussagen zum Fahrplan überprüfen
› Sätze zum Text vervollständigen

 4 Male die Aussagen und die passenden Zeiten in der gleichen Farbe an.

> Am Samstag gehen Papa und ich Eis essen. Wir müssen zur Haltestelle Neustädter Rathaus und wir fahren am Hauptbahnhof los. Spätestens um 13:30 Uhr wollen wir dort sein. Wann müssen wir losfahren?

> Ich bin mit meinen Freunden um 14:30 Uhr im Zentrum verabredet. Wann muss ich am Heiligenweg losfahren, damit ich pünktlich ankomme?

> Ich soll mich mit meiner Mutter nach der Schule am Marktplatz treffen. Ich habe um 13:50 Uhr Schulschluss. Wann komme ich am Marktplatz an?

| 14:15 Uhr |
| 13:09 Uhr |
| 14:06 Uhr |

 Antonia

 Max

 Moni

 **5** Kreuze die Haltestellen der Buslinie 18 auf dem Stadtplan rot an.

 **6** Zeichne mit einem farbigen Stift den Weg des Busses auf dem Stadtplan ein.

› Aussagen zum Fahrplan zuordnen
› Fahrplaninhalt und Bild aufeinander beziehen

Der einsame Eisbär

Am Nordpol, tief im Schnee,
wohnt ein Eisbär an 'nem See.
Der See, er war nicht immer dort,
doch nun ist es wärmer an diesem Ort.

„Bald ist das Eis hier ganz verschwunden",
denkt der Eisbär schon seit Stunden.
„Wie soll ich Leben ohne Schnee?
Wollen die Menschen, dass ich geh?"

Der Eisbär tapst traurig herum,
die Pfoten heiß, die Stimme stumm.
Er läuft noch bis in die Nacht hinein,
ist mit seinen Sorgen ganz allein.

Doch viele Menschen sind nicht dumm,
sie denken an die Welt um sie herum.
Sie haben zum Glück schnell festgestellt,
der Nordpol ist auch wichtig für die Welt.

Drum schützen sie die Umwelt nun,
indem sie sich zusammentun.
Bald kann der Eisbär wieder lachen,
und immerzu im Schnee erwachen.

› die Textsorte Gedicht kennen
› sinnentnehmend lesen

 **1** Beantworte die Fragen. Schreibe.

Wo wohnt der Eisbär?

_____

Wie fühlt sich der Eisbär?

_____

2 Ordne die Aussagen der passenden Strophe zu.
Schreibe die Strophennummer auf.

Der Eisbär kann in Zukunft besser leben, weil die Umwelt geschützt
wird. Strophe: _____

Am Nordpol schmilzt das Eis zu einem See. Strophe: _____

Der Eisbär ist sehr verzweifelt und weiß nicht, wie er alleine
eine Lösung finden soll. Strophe: _____

Viele Menschen wissen, wie wichtig der Nordpol ist und wollen
die Umwelt schützen. Strophe: _____

Der Eisbär hat Angst, dass irgendwann der ganze Schnee
geschmolzen ist. Strophe: _____

 **3** Worum geht es in dem Gedicht? Verbinde.

> einen glücklichen Eisbären.

> Es geht um >

> Umweltschutz und wie
> wichtig der Nordpol ist.

> einen zugefrorenen See.

> Fragen zum Text beantworten
> zentrale Aussagen von Strophen erfassen und zuordnen
> die Kernaussage eines Gedichts verstehen

Schulstreik für das Klima

Greta Thunberg kommt aus Schweden. In der Grundschule erfährt
sie, dass viele Umstände auf der Erde unsere Umwelt belasten oder
sogar zerstören. 2018 hat sich Greta entschieden, gegen die
Zerstörung der Umwelt und den damit verbundenen Klimawandel
5 zu demonstrieren. Darum ging sie an einem Tag in der Woche nicht
in die Schule. Stattdessen stellte sie sich vor das schwedische
Parlament und hielt ein Schild hoch auf dem „Skolstrejk för Klimatet"
stand. Das bedeutet „Schulstreik für das Klima".
Anfangs haben vor allem Jugendliche, die noch schulpflichtig sind,
10 bei den Demonstrationen mitgemacht. Die Bewegung dahinter nennt
sich „Fridays for Future". Die jungen Menschen möchten damit
aussagen, dass sie an Freitagen nicht zur Schule gehen,
um stattdessen auf die Klimakrise und unsere umweltschädliche
Lebensweise aufmerksam zu machen.

 **1** Welches Schild gehört Greta? Kreise ein.

 **2** Was stimmt? Was stimmt nicht? Was steht nicht im Text? Kreuze an.

	👍	👎	🚫👁
Greta stellte sich vor das schwedische Parlament.	☐	☐	☐
Anfangs haben Erwachsene mit ihr demonstriert.	☐	☐	☐
Greta segelte mit einem Schiff in die USA.	☐	☐	☐

› einem Text Informationen entnehmen
› den eigenen Lernstand einschätzen

 Spurensicherung: Der 3. Hinweis!

Umut greift nach seinem Rucksack.
„Kommt, fangen wir an zu suchen!"
Als die Kinder mit den Hunden das Haus verlassen,
lehnt gegenüber am Zaun ein blonder Junge.
Er sieht sie kurz an, geht dann aber weiter.
Lulu, Elsa und Umut steigen auf ihre Räder.
Paul ist mit dem Rolli genauso schnell.
Zuerst fahren die Detektive zur Höhle am Fluss.
Lulu möchte dem verzweifelten Mars-Forscher gerne helfen.
Auch sie findet das Weltall, die Planeten und die Sterne sehr spannend.
Die Kinder sind am Ziel.
Elsa leuchtet mit der Taschenlampe in die dunkle Höhle hinein.
Uno flitzt los und bellt. „Er hat was gefunden!", ruft Lulu.

? Zähle die Raketen und Raumschiffe. Wovon gibt es mehr?
Jetzt weißt du, was Uno gefunden hat.

☐ eine Rakete ☐ ein Raumschiff

3a  3b

Ein lang erwartetes Geschenk

„Es ist endlich da!", ruft Umut, während er mit einem Päckchen
unter dem Arm ins Zimmer gestürmt kommt und sich zu Elsa, Paul
und Lulu setzt.
Dann berichtet er aufgeregt: „Das Päckchen kommt aus der Türkei.
5   Mein Onkel hat mir vor einer Woche geschrieben, dass er mir mein
Geburtstagsgeschenk per Post geschickt hat."

Während er erzählt, reißt Umut das Päckchen
bereits auf.
„Ich habe jeden Tag darauf gewartet
10 und eben ist es endlich angekommen."
Die anderen schauen neugierig zu,
wie Umut eine große Schachtel aus dem Paket nimmt.
Umuts Augen huschen über bunte Buchstaben,
dann liest er laut vor: „Detektivkoffer für kleine Profis!"
15 „Cool! Los, mach den Koffer auf!", ruft Elsa begeistert.

Umut hebt den Deckel ab und zum Vorschein kommen eine Lupe,
ein Maßband, ein Absperrband, ein Notizblock, eine Pinzette,
mehrere Plastik-Röhrchen, eine Pipette, zwei Holzspatel,
verschieden große Pinsel, ein Stempelkissen, eine Rolle Klebstreifen
20 und ein Stapel kleiner Pappkarten.
„Wofür ist das denn?", will Paul wissen und hält das Stempelkissen
in die Höhe. Lulu antwortet: „Ich glaube, damit kannst du
Fingerabdrücke machen."
Umut ergänzt: „Dafür brauchst du dann auch diese Pappkarten hier.
25 Das sind die Stempelkarten."
Lulu nickt und erklärt weiter: „Auf unseren Fingern sind ganz feine
Linien, die man mit dem Auge kaum sehen kann. Wenn du aber einen
Finger auf das Stempelkissen und dann hier auf die Karte drückst,
dann werden diese Linien sichtbar und du kannst deinen
30 Fingerabdruck sehen."

Hier geht es los!

Unser Fall:

1 Der Krimi beginnt mit dieser Seite:

Unser Fall

Hier erfährst du, was passiert ist.

Ein neuer Fall für TEAM LUPE

Bevor es mit dem Fall weitergeht,
kommt erst mal ein Übungskapitel.

Puh!

Uff!

Kapitel 1

Üben!

2 Weiter geht es mit der

Spurensicherung

Du ermittelst gemeinsam mit TEAM LUPE.
Löse das Rätsel und finde den Hinweis.
Jetzt weißt du, welcher Sticker in die Fallakte gehört.

Klebe den richtigen Hinweis-Sticker
vom Stickerbogen in die Fallakte.

Bist du unsicher, welches der richtige Sticker ist?
Du findest die Lösung auch immer versteckt auf
der Seite.

Rätseln!

**Spurensicherung:
Der 1. Hinweis!**

Knobeln!

Spannung!

Aha!

Hm!

Kapitel 2

Endlich kapiert!

Übe nun weiter.

2-mal blättern,
dann geht es weiter.

Illustrationen: Michael Stapper

Meine Hinweis-Sticker für den Fall

1a   h

1b   z

2a   e

2b   i

3a   i

3b   d

4a   w

4b   g

5a   i

5b   e

6a   t

6b   n

Illustrationen: Antje Hagemann

TEAM *LUPE* ERMITTELT

Das sprechende Paket

LÖSUNGEN

(zum Heraustrennen
die mittlere Klammer lösen)

Lösungen zu
ISBN 978-3-14-**141494**-3
Illustriert von Michael Stapper, Antje Hagemann, Falk Holzapfel,
Cesare Asaro

Lesen
BASIS

TEAM LUPE ERMITTELT – Lesen 4 BASIS – LÖSUNGEN

Was wollen wir spielen?

Lulu sitzt bei Elsa im Kinderzimmer. Draußen regnet es.
„Was wollen wir spielen?", will Elsa wissen.
„Wie wäre es mit einem Kartenspiel?", schlägt Lulu vor.
Elsa schüttelt den Kopf: „Mmh, nee, darauf habe ich
5 keine Lust. Ich spiele schon immer mit Oma Karten.
Lass uns etwas Anderes machen."
Lulu ist etwas enttäuscht. Sie hätte Lust dazu gehabt.
Aber sie kann Elsa verstehen.

Nun macht Elsa einen Vorschlag: „Wir könnten mit meinem
10 neuen Puppenhaus spielen. Schau, es steht dort hinter
dem Karton." Davon ist Lulu nicht begeistert.
Sie meint kopfschüttelnd: „Mit Puppen spielen macht mir
keinen Spaß. Ich weiß gar nicht so genau warum,
aber es ist so." Elsa nickt. Sie weiß, was Lulu meint.
15 Wenn ihre Schwester Mona mit ihr puzzeln will,
hat Elsa auch selten Lust darauf.

„Okay, kein Problem," antwortet sie deshalb,
„ich kann ja auch noch morgen damit spielen."
Lulu nickt erleichtert, dann meint sie noch:
20 „Weißt du, ich baue lieber Dinge."
Das bringt Elsa auf eine Idee, die ihnen beiden Spaß
machen könnte.
„Wie wäre es, wenn wir aus dem Karton vom Puppenhaus
ein eigenes Haus bauen?", schlägt sie vor.
25 Diese Idee findet Lulu spitze!
Den Rest des Nachmittages sind die beiden Mädchen
damit beschäftigt, Fenster und eine Tür aus dem Karton
zu schneiden und die Wände zu bemalen.
Als Lulus Papa seine Tochter abholen kommt, findet er
30 die beiden Mädchen lachend in ihrem selbst gebauten Haus.

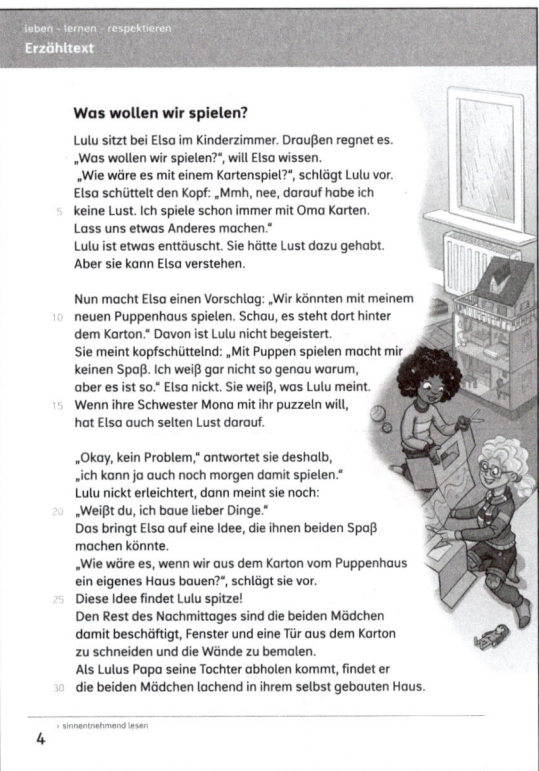

1 Ordne die Sprechblasen den Kindern zu. Verbinde.

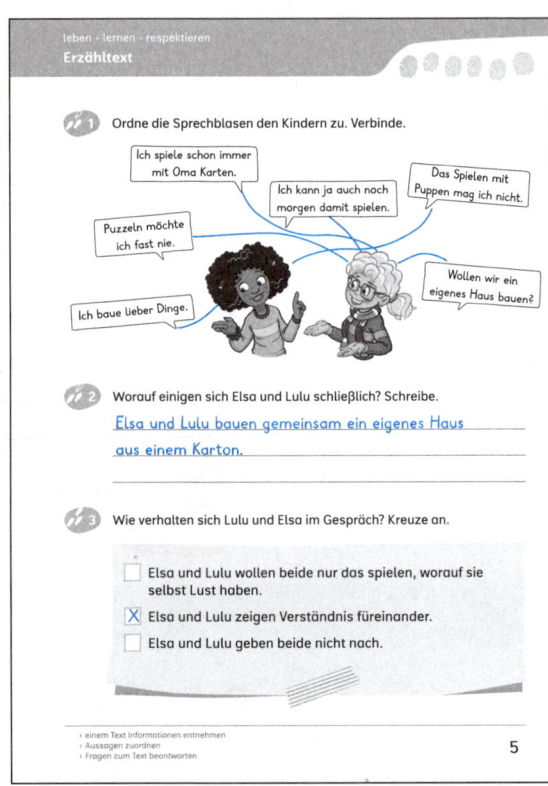

Ich spiele schon immer mit Oma Karten.

Ich kann ja auch noch morgen damit spielen.

Das Spielen mit Puppen mag ich nicht.

Puzzeln möchte ich fast nie.

Wollen wir ein eigenes Haus bauen?

Ich baue lieber Dinge.

2 Worauf einigen sich Elsa und Lulu schließlich? Schreibe.

<u>Elsa und Lulu bauen gemeinsam ein eigenes Haus</u>
<u>aus einem Karton.</u>

3 Wie verhalten sich Lulu und Elsa im Gespräch? Kreuze an.

☐ Elsa und Lulu wollen beide nur das spielen, worauf sie selbst Lust haben.

☒ Elsa und Lulu zeigen Verständnis füreinander.

☐ Elsa und Lulu geben beide nicht nach.

› einem Text Informationen entnehmen
› Aussagen zuordnen
› Fragen zum Text beantworten   5

Lageplan der Grundschule Neustadt

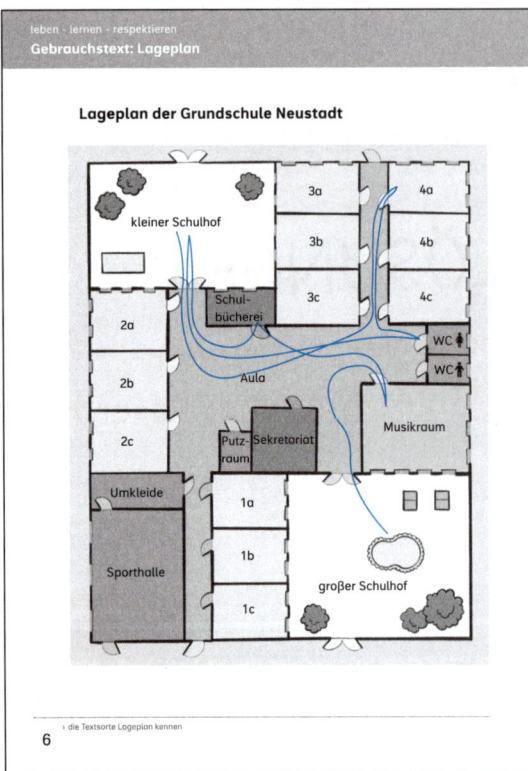

1 Zeichne den Weg in den Plan ein, den Elsa beschreibt.

Mein Schultag beginnt heute auf dem großen Schulhof.
Wenn es klingelt, gehe ich ins Schulgebäude, denn ich
habe in der 1. Stunde im Musikraum Unterricht.
Danach gehe ich mit einigen Kindern meiner Klasse
in die Schulbücherei.
Dort haben wir eine Übungsstunde Lesen.
Meine Pause verbringe ich auf dem kleinen Schulhof.
Bevor ich in der 3. und 4. Stunde dann bei mir im
Klassenraum der 4a Unterricht habe, gehe ich noch auf
die Mädchentoilette.
Nach der 4. Stunde melde ich mich in der Aula
in der Nachmittagsbetreuung an und darf bis zum
Mittagessen auf dem kleinen Schulhof spielen.

2 Was stimmt? Was stimmt nicht? Was ist auf dem Plan nicht zu sehen?

	👍	👎	👁
Die Aula ist außerhalb des Schulgebäudes.	☐	☒	☐
Die Räume der 4a und der 4b liegen gegenüber.	☐	☒	☐
Das Schulgebäude ist 25 Meter lang.	☐	☐	☒
Das Sekretariat ist neben dem Ausgang zum großen Schulhof.	☒	☐	☐
Die 4b ist die Nachbarklasse der 4c.	☒	☐	☐
Neben der Schulbücherei befindet sich der Putzraum.	☐	☒	☐
Der Musikraum ist der größte Raum.	☐	☒	☐

TEAM LUPE ERMITTELT – Lesen 4 BASIS – LÖSUNGEN

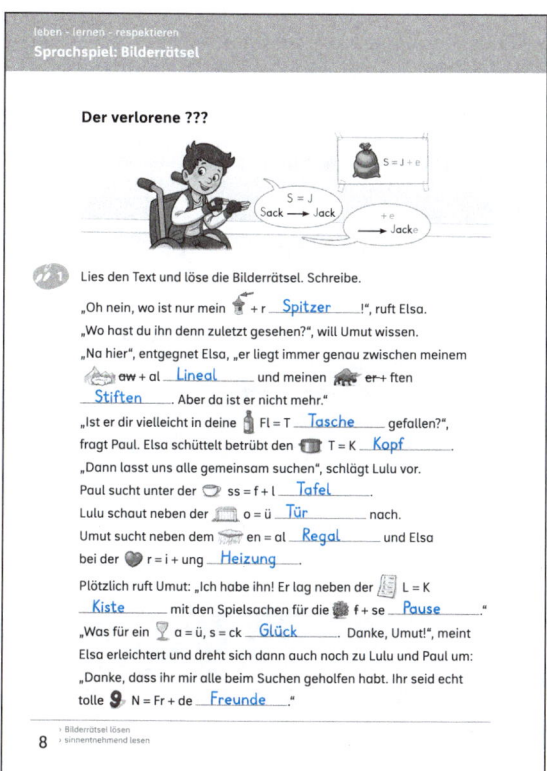

Der verlorene ???

Lies den Text und löse die Bilderrätsel. Schreibe.

„Oh nein, wo ist nur mein 🖊 + r __Spitzer__!", ruft Elsa.

„Wo hast du ihn denn zuletzt gesehen?", will Umut wissen.

„Na hier", entgegnet Elsa, „er liegt immer genau zwischen meinem 📐 aw + al __Lineal__ und meinen 🖍 er + ften __Stiften__. Aber da ist er nicht mehr."

„Ist er dir vielleicht in deine 👜 Fl = T __Tasche__ gefallen?", fragt Paul. Elsa schüttelt betrübt den 🐮 T = K __Kopf__.

„Dann lasst uns alle gemeinsam suchen", schlägt Lulu vor.

Paul sucht unter der 🪑 ss = f + l __Tafel__.

Lulu schaut neben der 🚪 o = ü __Tür__ nach.

Umut sucht neben dem 📚 en = al __Regal__ und Elsa bei der 🔥 r = i + ung __Heizung__.

Plötzlich ruft Umut: „Ich habe ihn! Er lag neben der 📕 L = K __Kiste__ mit den Spielsachen für die 🍷 f + se __Pause__."

„Was für ein 🍀 Glück. Danke, Umut!", meint Elsa erleichtert und dreht sich dann auch noch zu Lulu und Paul um: „Danke, dass ihr mir alle beim Suchen geholfen habt. Ihr seid echt tolle 9 N = Fr + de __Freunde__."

Wer sucht wo im Raum? Trage die Namen der Kinder in den Plan ein.

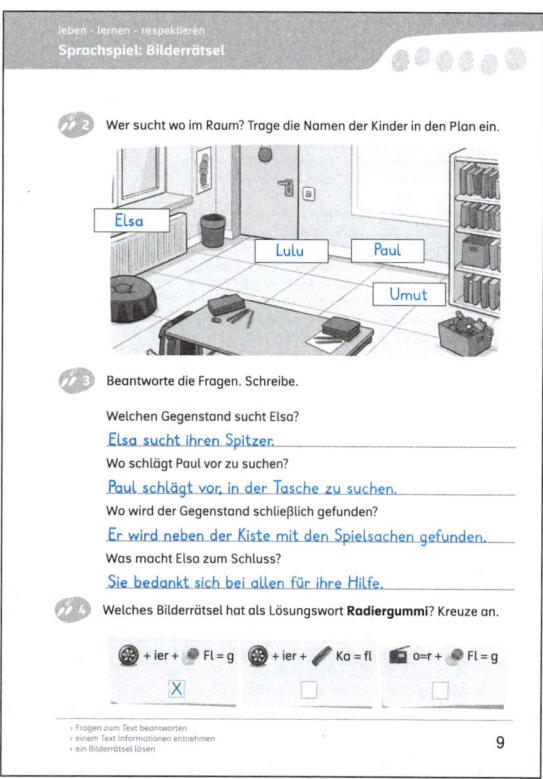

Elsa | Lulu | Paul | Umut

Beantworte die Fragen. Schreibe.

Welchen Gegenstand sucht Elsa?
__Elsa sucht ihren Spitzer.__

Wo schlägt Paul vor zu suchen?
__Paul schlägt vor, in der Tasche zu suchen.__

Wo wird der Gegenstand schließlich gefunden?
__Er wird neben der Kiste mit den Spielsachen gefunden.__

Was macht Elsa zum Schluss?
__Sie bedankt sich bei allen für ihre Hilfe.__

Welches Bilderrätsel hat als Lösungswort **Radiergummi**? Kreuze an.

🔘 + ier + 🏴 Fl = g [X] | 🔘 + ier + ✏ Ka = fl [ ] | 📻 o=r + 🏴 Fl = g [ ]

› Fragen zum Text beantworten
› einem Text Informationen entnehmen
› ein Bilderrätsel lösen
9

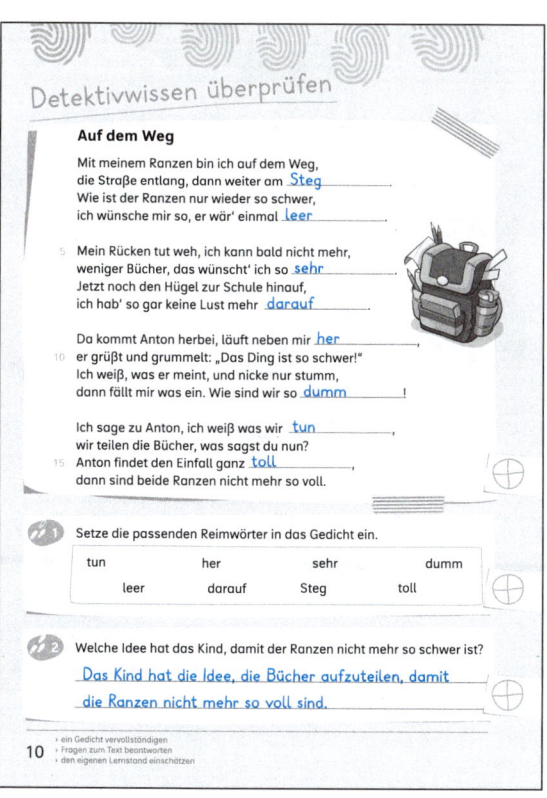

Detektivwissen überprüfen

Auf dem Weg

Mit meinem Ranzen bin ich auf dem Weg,
die Straße entlang, dann weiter am __Steg__
Wie ist der Ranzen nur wieder so schwer,
ich wünsche mir so, er wär' einmal __leer__

5 Mein Rücken tut weh, ich kann bald nicht mehr,
weniger Bücher, das wünsch' ich so __sehr__
Jetzt noch den Hügel zur Schule hinauf,
ich hab' so gar keine Lust mehr __darauf__

Da kommt Anton herbei, läuft neben mir __her__
10 er grüßt und grummelt: „Das Ding ist so schwer!"
Ich weiß, was er meint, und nicke nur stumm,
dann fällt mir was ein. Wie sind wir so __dumm__!

Ich sage zu Anton, ich weiß was wir __tun__
wir teilen die Bücher, was sagst du nun?
15 Anton findet den Einfall ganz __toll__
dann sind beide Ranzen nicht mehr so voll.

Setze die passenden Reimwörter in das Gedicht ein.

tun	her	sehr	dumm
leer	darauf	Steg	toll

Welche Idee hat das Kind, damit der Ranzen nicht mehr so schwer ist?
__Das Kind hat die Idee, die Bücher aufzuteilen, damit__
__die Ranzen nicht mehr so voll sind.__

› ein Gedicht vervollständigen
10 › Fragen zum Text beantworten
› den eigenen Lernstand einschätzen

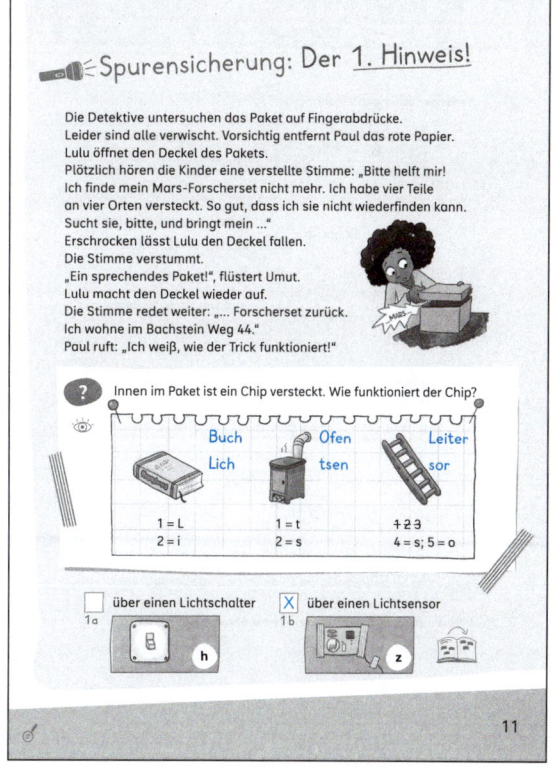

🔦 Spurensicherung: Der 1. Hinweis!

Die Detektive untersuchen das Paket auf Fingerabdrücke.
Leider sind alle verwischt. Vorsichtig entfernt Paul das rote Papier.
Lulu öffnet den Deckel des Pakets.
Plötzlich hören die Kinder eine verstellte Stimme: „Bitte helft mir!
Ich finde mein Mars-Forscherset nicht mehr. Ich habe vier Teile
an vier Orten versteckt. So gut, dass ich sie nicht wiederfinden kann.
Sucht sie, bitte, und bringt mein ..."
Erschrocken lässt Lulu den Deckel fallen.
Die Stimme verstummt.
„Ein sprechendes Paket!", flüstert Umut.
Lulu macht den Deckel wieder auf.
Die Stimme redet weiter: „... Forscherset zurück.
Ich wohne im Bachstein Weg 44."
Paul ruft: „Ich weiß, wie der Trick funktioniert!"

? Innen im Paket ist ein Chip versteckt. Wie funktioniert der Chip?

👁

Buch	Ofen	Leiter
Lich	tsen	sor
1 = L	1 = t	+2 3
2 = i	2 = s	4 = s; 5 = o

[ ] über einen Lichtschalter
1a
h

[X] über einen Lichtsensor
1b
z

TEAM LUPE ERMITTELT – Lesen 4 BASIS – LÖSUNGEN

Ein Schreck im Wald

Leonie und Florian sind Geschwister. Sie wollen mit ihren
Eltern wandern gehen. Für einen Ausflug ist heute
das beste Wetter. Die Sonne scheint, aber es weht auch
schon eine leichte, herbstliche Brise.
5 Die Kinder packen ihre Rucksäcke voll mit Essen und
Getränken. Dann machen sie sich auf den Weg.
Die Familie wandert über Wiesen und durch einen Wald.
Die Laub- und Nadelbäume spenden Schatten und es ist
angenehm kühl. Leonie atmet die frische Luft tief
10 ein, lauscht in den Wald hinein und meint:
„Wenn wir draußen unterwegs sind, ist es
immer so schön ruhig. Das mag ich gerne."

Nach einer Weile kommt die Familie
auf eine Lichtung mit einem kleinen Bach.
15 Hier spüren sie wieder die warme Sonne auf der Haut.
„Das ist der perfekte Ort für unser Picknick!", ruft Florian
begeistert. Mama und Papa sehen das genauso und
breiten eine große Picknickdecke aus.
Es gibt Butterbrote und leckere Apfelschorle.
20 „Guten Appetit", wünscht Papa allen.

Leonie beißt gerade herzhaft in ihr Butterbrot, als plötzlich
etwas Kühles ihr Bein berührt. Sie schaut hinunter und fängt
lauthals an zu kreischen.
„Hilfe", schreit sie, „da ist eine Schlange!" Leonie springt auf
25 und Florian flüchtet vor lauter Schreck gleich mit.
Doch Mama versucht, die Kinder zu beruhigen: „Keine
Angst, das ist keine Schlange, sondern eine Blindschleiche."
„Ja, genau", erwidert Papa, „Blindschleichen sind Echsen
ohne Beine. Deshalb verwechselt man sie oft mit einer
30 Schlange. Sie sind aber völlig ungefährlich."

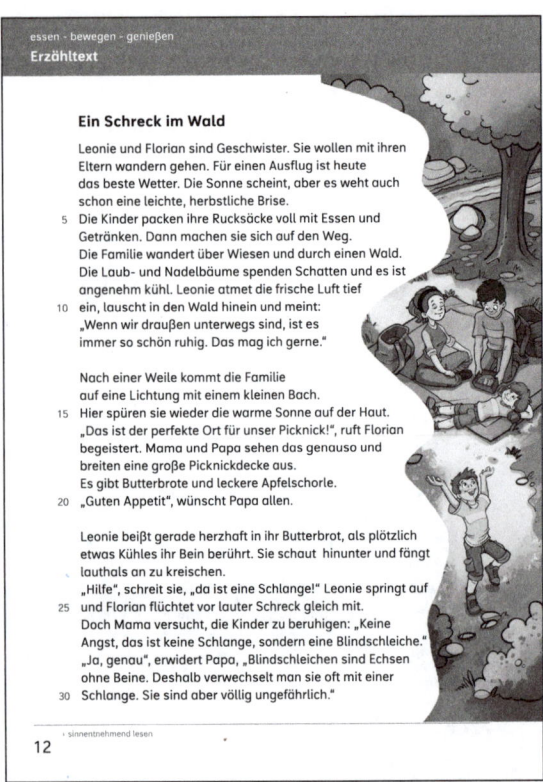

Die Blindschleiche ist mittlerweile wieder im hohen Gras
verschwunden. Leonie und Florian atmen auf: „So ein Glück –
also doch keine giftige Schlange." Die Kinder setzen sich
wieder auf die Decke und beenden das Picknick. Leonie legt
35 sich hin und macht sich breit. Sie sagt: „In der Natur zu sein ist
wirklich toll. Manchmal ist es einfach nur still. Und manchmal
erlebt man die aufregendsten Abenteuer!" Sie schließt die
Augen und genießt, wie die Sonne ihre Nase kitzelt.

1 Welche Sätze stehen genauso im Text? Kreuze an.

Leonie und Florian wollen mit ihren Eltern wandern gehen.	☐
Die Kinder packen ihre Rucksäcke voll mit Essen und Getränken.	☒
Die Familie wandert durch einen Wald.	☐
Es ist ein regnerischer Tag.	☐
Blindschleichen sind Eidechsen.	☐
Die Blindschleiche verschwindet im niedrigen Gras.	☐
Leonie und Florian atmen auf.	☒
Leonie legt sich hin und macht sich breit.	☒

2 Welche Reihenfolge ist richtig? Nummeriere.

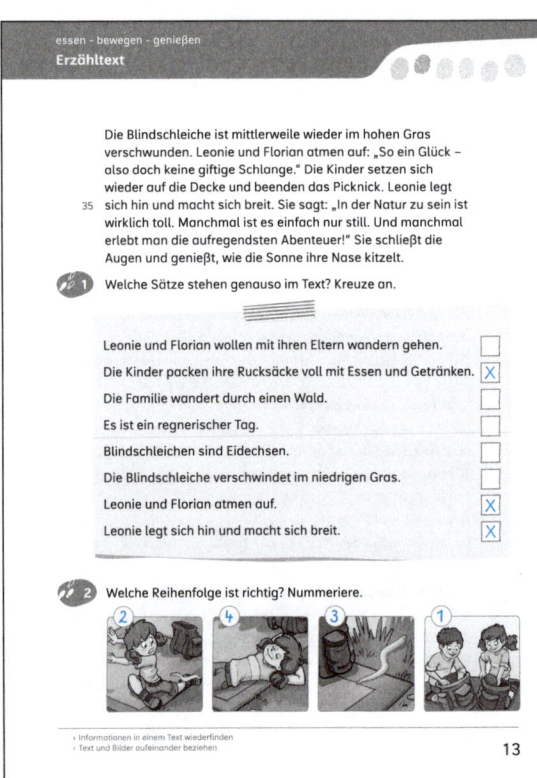

2 · 4 · 3 · 1

3 Verbinde die passenden Satzteile.

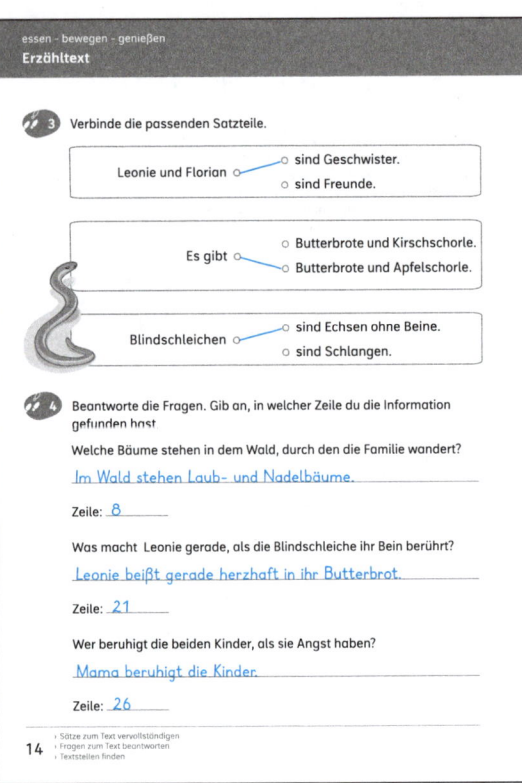

Leonie und Florian ○——○ sind Geschwister.
              ○ sind Freunde.

Es gibt ○   ○ Butterbrote und Kirschschorle.
          ○——○ Butterbrote und Apfelschorle.

Blindschleichen ○——○ sind Echsen ohne Beine.
            ○ sind Schlangen.

4 Beantworte die Fragen. Gib an, in welcher Zeile du die Information
gefunden hast.

Welche Bäume stehen in dem Wald, durch den die Familie wandert?

Im Wald stehen Laub- und Nadelbäume.

Zeile: _8_

Was macht Leonie gerade, als die Blindschleiche ihr Bein berührt?

Leonie beißt gerade herzhaft in ihr Butterbrot.

Zeile: _21_

Wer beruhigt die beiden Kinder, als sie Angst haben?

Mama beruhigt die Kinder.

Zeile: _26_

14   › Sätze zum Text vervollständigen
› Fragen zum Text beantworten
› Textstellen finden

Die Olympischen Spiele

Die Olympiade

Die Olympischen Spiele sind das älteste und größte
Sportfest der Welt. Oft sagen die Menschen auch Olympiade
zu diesem Fest. Das ist aber falsch, denn Olympiade ist
eigentlich die Zeit zwischen zwei Olympischen Spielen.
Es wird zwischen Sommer- und Winterspielen
unterschieden. Die Spiele finden alle vier Jahre statt.

Die Olympischen Sportarten

Es gibt mehr als 30 Olympische Sportarten.
Dazu gehören zum Beispiel Bogenschießen, Handball, Rudern
oder Tennis. Die Spiele werden je nach Sportart in Einzel-
wettkämpfen oder in Mannschaftswettbewerben durchgeführt.
Die ersten drei Sieger oder Siegerinnen einer Disziplin erhalten
eine Medaille. Es gibt Bronze-, Silber- und Goldmedaillen.

Die Paralympics

Auch für Menschen mit einer körperlichen Behinderung gibt es
Olympische Sommer- und Winterspiele. Man nennt sie Paralympics.
Das Wort setzt sich aus „paraplegic" (gelähmt) und „olympic"
(olympisch) zusammen. Das heißt aber nicht, dass alle
Menschen, die daran teilnehmen, gelähmt sind.

Das Olympische Feuer

Zu Beginn der Olympischen Spiele wird ein Feuer angezündet.
Dafür bündelt man Sonnenstrahlen mit einem Spiegel.
Das Feuer wird also nicht einfach mit einem Streichholz entzündet.
Oft bringen berühmte Persönlichkeiten das Feuer mit einer Fackel
zu dem Ort, an dem die Olympischen Spiele stattfinden.

TEAM LUPE ERMITTELT – Lesen 4 BASIS – LÖSUNGEN

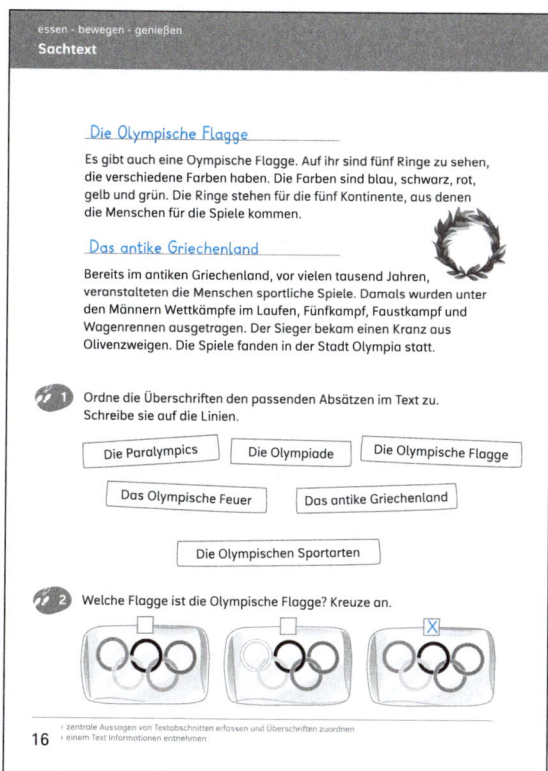

Die Olympische Flagge

Es gibt auch eine Oympische Flagge. Auf ihr sind fünf Ringe zu sehen, die verschiedene Farben haben. Die Farben sind blau, schwarz, rot, gelb und grün. Die Ringe stehen für die fünf Kontinente, aus denen die Menschen für die Spiele kommen.

Das antike Griechenland

Bereits im antiken Griechenland, vor vielen tausend Jahren, veranstalteten die Menschen sportliche Spiele. Damals wurden unter den Männern Wettkämpfe im Laufen, Fünfkampf, Faustkampf und Wagenrennen ausgetragen. Der Sieger bekam einen Kranz aus Olivenzweigen. Die Spiele fanden in der Stadt Olympia statt.

1 Ordne die Überschriften den passenden Absätzen im Text zu. Schreibe sie auf die Linien.

Die Paralympics | Die Olympiade | Die Olympische Flagge

Das Olympische Feuer | Das antike Griechenland

Die Olympischen Sportarten

2 Welche Flagge ist die Olympische Flagge? Kreuze an.

[drittes Bild angekreuzt: X]

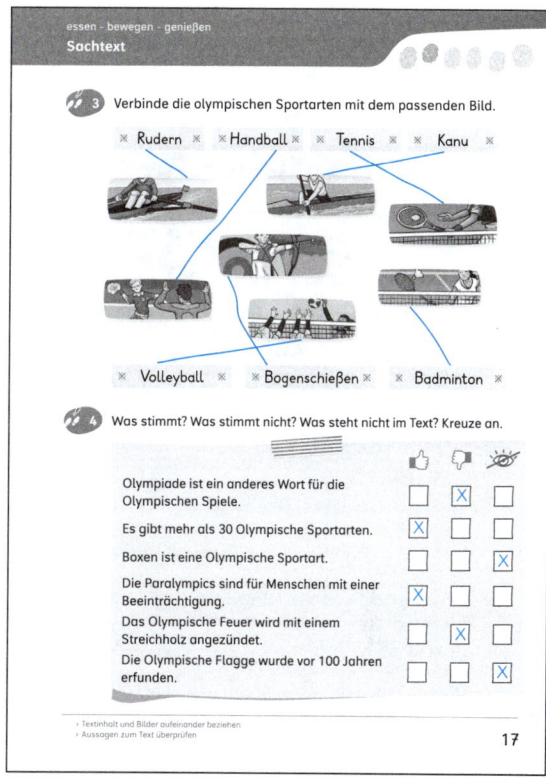

3 Verbinde die olympischen Sportarten mit dem passenden Bild.

× Rudern × | × Handball × | × Tennis × | × Kanu ×

× Volleyball × | × Bogenschießen × | × Badminton ×

4 Was stimmt? Was stimmt nicht? Was steht nicht im Text? Kreuze an.

	👍	👎	🚫
Olympiade ist ein anderes Wort für die Olympischen Spiele.		X	
Es gibt mehr als 30 Olympische Sportarten.	X		
Boxen ist eine Olympische Sportart.			X
Die Paralympics sind für Menschen mit einer Beeinträchtigung.	X		
Das Olympische Feuer wird mit einem Streichholz angezündet.		X	
Die Olympische Flagge wurde vor 100 Jahren erfunden.			X

Spurensuche auf dem Weihnachtsmarkt

1 Wenn du wissen willst, was auf dem Weihnachtsmarkt passiert, lies die Texte der Reihe nach durch. Schreibe die Buchstaben aus dem Bild neben dem passenden Text auf.

1 Elsa und Lulu sind mit ihren Eltern auf dem Weihnachtsmarkt. **(W)**
Elsas Hund Uno ist auch dabei. Er trägt heute ein kleines Glöckchen an seinem Halsband.
Elsa und die anderen schauen sich die vielen Stände und Hütten an. Nach einer Weile bekommen die Kinder und die Erwachsenen Hunger. Sie stellen sich an dem Engel-Stand an. Dort gibt es Kartoffelpuffer. Da merken sie, dass Uno verschwunden ist! Wo ist er nur geblieben? Lulu meint: „Vielleicht ist er dem Geruch von Bratwürsten gefolgt!"

2 Am Stand mit den Bratwürstchen suchen Elsa, Lulu und die Eltern leider vergeblich nach Uno. Keine Spur von ihm! **(A)**
Da entdeckt Elsa einen Weihnachtsmann. Er trägt einen dicken Sack, in dem sie es rascheln hören. Ob Uno das Geräusch auch gehört hat?

3 „Hallo Weihnachtsmann", begrüßt Elsa ihn, „hast du zufällig meinen Hund Uno gesehen? Er ist klein und hat ein braun-weißes Fell." Der Weihnachtsmann denkt kurz nach und erwidert dann: „Ich meine, dass ich einen Hund beim Pferdekarussel gesehen habe." **(F)**

4 Beim Pferdekarussell angekommen, erblickt Lulu tatsächlich einen kleinen Hund, der verspielt herumtollt. Allerdings ist es leider nicht Uno, sondern ein anderer Hund. Die Mädchen blicken sich hilflos um. Da ruft Lulus Papa: „Da hinten! Ich glaube, ich sehe Uno bei der Schlittschuhbahn!" **(F)**

5 Auf der Schlittschuhbahn drehen viele Kinder ihre Runden. Sie lachen und freuen sich. Das sieht wirklich nach Spaß aus, aber Uno ist weit und breit nicht zu erspähen. **(E)**

6 So langsam verlieren die Mädchen ein wenig den Mut. Elsa fragt bestürzt: „Wo sollen wir denn noch suchen?" Da hört Lulu plötzlich ein leises Klingeln beim Weihnachtsbaum. Das klingt doch nach Unos Glöckchen. **(L)**

7 Aber hier ist er auch nicht. Das Klingeln des Glöckchens kommt eindeutig vom Parkplatz, auf dem sie zu Beginn das Auto abgestellt hatten. Und tatsächlich, dort sitzt Uno. Er wackelt immer wieder mit dem Kopf, sodass sein Glöckchen erklingt. Elsa kombiniert: „Natürlich! Als Uno uns nicht mehr finden konnte, ist er zum Auto gelaufen, weil er wusste, dass wir irgendwann kommen würden. Uno ist so ein schlauer Hund!" **(N)**

2 Trage die Lösungsbuchstaben aus den Kreisen hier ein und du erfährst, was alle zusammen nach dem Schreck essen.

W A F F E L N

› die Textsorte Lesespur kennen
› sinnentnehmend lesen
› Textinhalt und Bild aufeinander beziehen
19

TEAM LUPE ERMITTELT – Lesen 4 BASIS – LÖSUNGEN

Detektivwissen überprüfen

Tulas Döner
Speisekarte

Döner .... 6,90 €
(frisches Fladenbrot, Fleisch, Salat, Soße)

Vegetarischer Döner .... 4,50 €
(frisches Fladenbrot, gegrilltes Gemüse, Salat, Soße)

Börek - 10 Stück .... 6,90 €
(fritierte Teigröllchen mit Käsefüllung)

Grillteller .... 8,90 €
(Fleisch, gegrilltes Gemüse, Reis, 1 Stück Börek, Soße, Brot)

Vegetarischer Grillteller .... 9,90 €
(gegrilltes Gemüse, Reis, 3 Stück Börek, Soße, Brot)

1 Beantworte die Fragen. Schreibe.

Wie viel kostet der vegetarische Döner?
Der vegetarische Döner kostet 4,50 Euro.

Was ist ein Börek?
Ein Börek ist ein frittiertes Teigröllchen mit Käsefüllung.

Wie viele Gerichte stehen auf der Karte?
Es stehen fünf Gerichte auf der Karte.

Was bekommt man auf dem Grillteller?
Fleisch, gegrilltes Gemüse, Reis, 1 Stück Börek, Soße, Brot

Welche Gerichte sind ohne Fleisch?
Vegetarischer Döner, Börek, Vegetarischer Grillteller

> die Textsorte Speisekarte kennen
> Fragen zu einem Text beantworten
> den eigenen Lernstand einschätzen

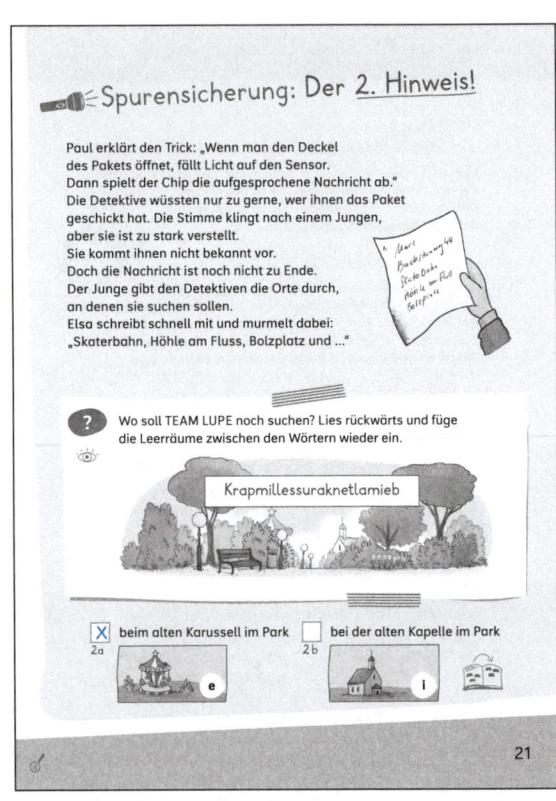

Spurensicherung: Der 2. Hinweis!

Paul erklärt den Trick: „Wenn man den Deckel des Pakets öffnet, fällt Licht auf den Sensor. Dann spielt der Chip die aufgesprochene Nachricht ab." Die Detektive wüssten nur zu gerne, wer ihnen das Paket geschickt hat. Die Stimme klingt nach einem Jungen, aber sie ist zu stark verstellt. Sie kommt ihnen nicht bekannt vor. Doch die Nachricht ist noch nicht zu Ende. Der Junge gibt den Detektiven die Orte durch, an denen sie suchen sollen. Elsa schreibt schnell mit und murmelt dabei: „Skaterbahn, Höhle am Fluss, Bolzplatz und ..."

? Wo soll TEAM LUPE noch suchen? Lies rückwärts und füge die Leerräume zwischen den Wörtern wieder ein.

Krapmillessuraknetlamieb

[X] **2a** beim alten Karussell im Park **e**

[ ] **2b** bei der alten Kapelle im Park **i**

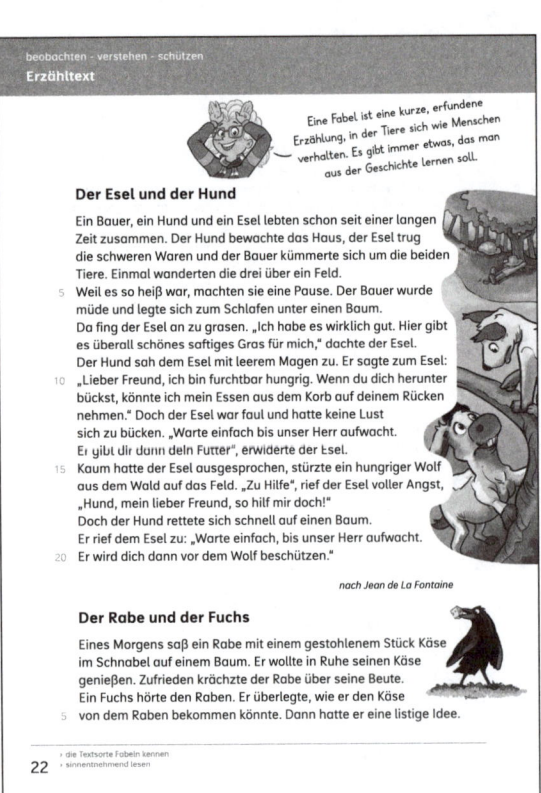

beobachten · verstehen · schützen
Erzähltext

Eine Fabel ist eine kurze, erfundene Erzählung, in der sich Tiere wie Menschen verhalten. Es gibt immer etwas, das man aus der Geschichte lernen soll.

Der Esel und der Hund

Ein Bauer, ein Hund und ein Esel lebten schon seit einer langen Zeit zusammen. Der Hund bewachte das Haus, der Esel trug die schweren Waren und der Bauer kümmerte sich um die beiden Tiere. Einmal wanderten die drei über ein Feld.
5 Weil es so heiß war, machten sie eine Pause. Der Bauer wurde müde und legte sich zum Schlafen unter einen Baum.
Da fing der Esel an zu grasen. „Ich habe es wirklich gut. Hier gibt es überall schönes saftiges Gras für mich", dachte der Esel.
Der Hund sah dem Esel mit leerem Magen zu. Er sagte zum Esel:
10 „Lieber Freund, ich bin furchtbar hungrig. Wenn du dich herunter bückst, könnte ich mein Essen aus dem Korb auf deinem Rücken nehmen." Doch der Esel war faul und hatte keine Lust sich zu bücken. „Warte einfach bis unser Herr aufwacht. Er gibt dir dann dein Futter", erwiderte der Esel.
15 Kaum hatte der Esel ausgesprochen, stürzte ein hungriger Wolf aus dem Wald auf das Feld. „Zu Hilfe", rief der Esel voller Angst, „Hund, mein lieber Freund, so hilf mir doch!"
Doch der Hund rettete sich schnell auf einen Baum.
Er rief dem Esel zu: „Warte einfach, bis unser Herr aufwacht.
20 Er wird dich dann vor dem Wolf beschützen."

nach Jean de La Fontaine

Der Rabe und der Fuchs

Eines Morgens saß ein Rabe mit einem gestohlenem Stück Käse im Schnabel auf einem Baum. Er wollte in Ruhe seinen Käse genießen. Zufrieden krächzte der Rabe über seine Beute.
Ein Fuchs hörte den Raben. Er überlegte, wie er den Käse
5 von dem Raben bekommen könnte. Dann hatte er eine listige Idee.

> die Textsorte Fabeln kennen
> sinnentnehmend lesen

---

beobachten · verstehen · schützen
Erzähltext

Der Fuchs lobte den Raben freundlich: „Oh, Rabe du bist so ein wunderbarer Vogel. Wenn dein Gesang genauso schön ist, wie dein Gefieder, dann sollest du der König aller Vögel sein!" Der Rabe war sehr geschmeichelt und sein Herz schlug vor Freude.
10 Stolz riss er den Schnabel auf und begann zu krächzen. Dabei fiel das köstliche Stück Käse zum Fuchs hinunter. Dieser schnappte sich schnell den Leckerbissen und begann zu fressen.
Da rief der Rabe empört: „He, das war sehr gemein!"
15 Doch der Fuchs lachte nur über den dummen Raben.

nach Äsop

1 Was sagen Fuchs und Rabe? Verbinde.

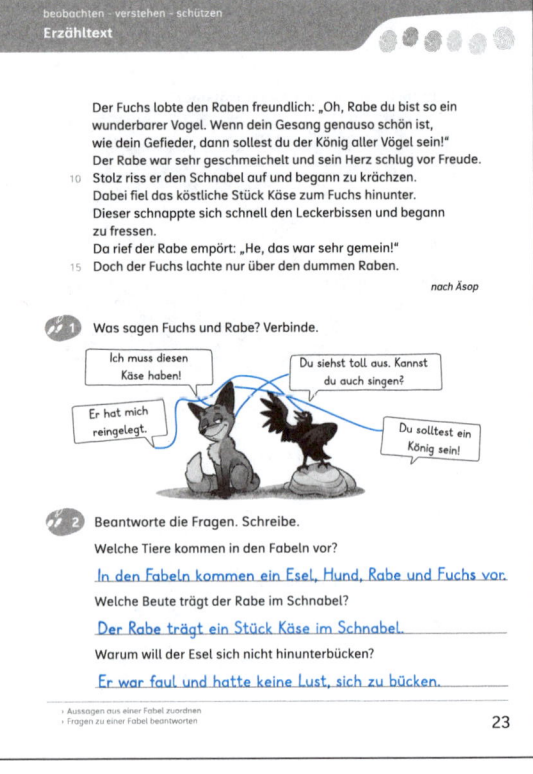

Ich muss diesen Käse haben!

Du siehst toll aus. Kannst du auch singen?

Er hat mich reingelegt.

Du solltest ein König sein!

2 Beantworte die Fragen. Schreibe.

Welche Tiere kommen in den Fabeln vor?
In den Fabeln kommen ein Esel, Hund, Rabe und Fuchs vor.

Welche Beute trägt der Rabe im Schnabel?
Der Rabe trägt ein Stück Käse im Schnabel.

Warum will der Esel sich nicht hinunterbücken?
Er war faul und hatte keine Lust, sich zu bücken.

> Aussagen aus einer Fabel zuordnen
> Fragen zu einer Fabel beantworten

TEAM LUPE ERMITTELT – Lesen 4 BASIS – LÖSUNGEN

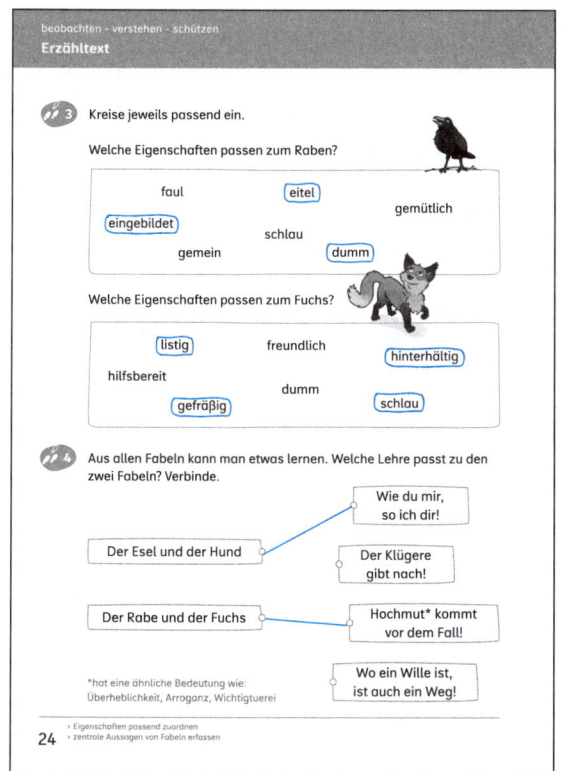

3 Kreise jeweils passend ein.

Welche Eigenschaften passen zum Raben?

faul · (eitel) · gemütlich · (eingebildet) · schlau · gemein · (dumm)

Welche Eigenschaften passen zum Fuchs?

(listig) · freundlich · (hinterhältig) · hilfsbereit · dumm · (gefräßig) · (schlau)

4 Aus allen Fabeln kann man etwas lernen. Welche Lehre passt zu den zwei Fabeln? Verbinde.

Wie du mir, so ich dir!

Der Esel und der Hund —— Der Klügere gibt nach!

Der Rabe und der Fuchs —— Hochmut* kommt vor dem Fall!

Wo ein Wille ist, ist auch ein Weg!

*hat eine ähnliche Bedeutung wie: Überheblichkeit, Arroganz, Wichtigtuerei

24 › Eigenschaften passend zuordnen
› zentrale Aussagen von Fabeln erfassen

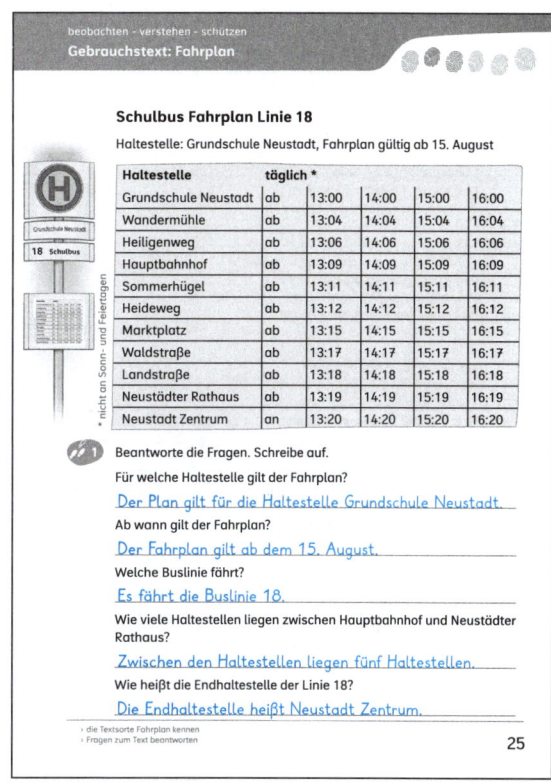

Schulbus Fahrplan Linie 18

Haltestelle: Grundschule Neustadt, Fahrplan gültig ab 15. August

Haltestelle	täglich *			
Grundschule Neustadt	ab 13:00	14:00	15:00	16:00
Wandermühle	ab 13:04	14:04	15:04	16:04
Heiligenweg	ab 13:06	14:06	15:06	16:06
Hauptbahnhof	ab 13:09	14:09	15:09	16:09
Sommerhügel	ab 13:11	14:11	15:11	16:11
Heideweg	ab 13:12	14:12	15:12	16:12
Marktplatz	ab 13:15	14:15	15:15	16:15
Waldstraße	ab 13:17	14:17	15:17	16:17
Landstraße	ab 13:18	14:18	15:18	16:18
Neustädter Rathaus	ab 13:19	14:19	15:19	16:19
Neustadt Zentrum	an 13:20	14:20	15:20	16:20

* nicht an Sonn- und Feiertagen

1 Beantworte die Fragen. Schreibe auf.

Für welche Haltestelle gilt der Fahrplan?
Der Plan gilt für die Haltestelle Grundschule Neustadt.

Ab wann gilt der Fahrplan?
Der Fahrplan gilt ab dem 15. August.

Welche Buslinie fährt?
Es fährt die Buslinie 18.

Wie viele Haltestellen liegen zwischen Hauptbahnhof und Neustädter Rathaus?
Zwischen den Haltestellen liegen fünf Haltestellen.

Wie heißt die Endhaltestelle der Linie 18?
Die Endhaltestelle heißt Neustadt Zentrum.

25 › die Textsorte Fahrplan kennen
› Fragen zum Text beantworten

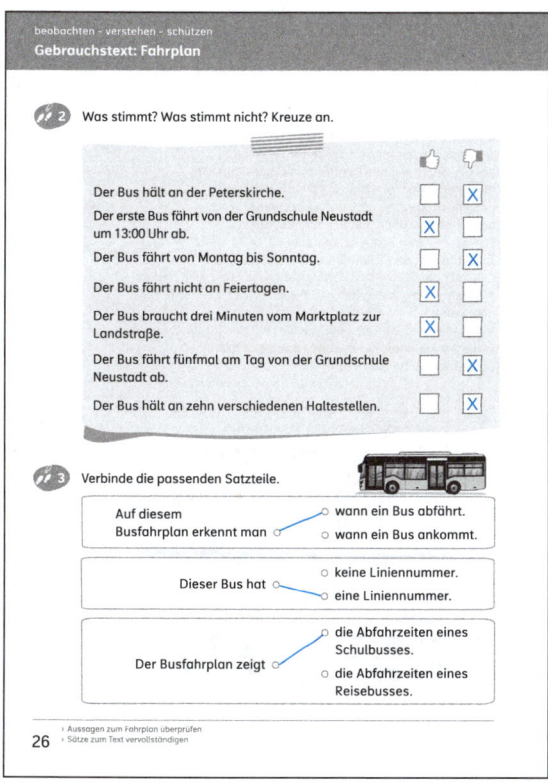

2 Was stimmt? Was stimmt nicht? Kreuze an.

	👍	👎
Der Bus hält an der Peterskirche.		X
Der erste Bus fährt von der Grundschule Neustadt um 13:00 Uhr ab.	X	
Der Bus fährt von Montag bis Sonntag.		X
Der Bus fährt nicht an Feiertagen.	X	
Der Bus braucht drei Minuten vom Marktplatz zur Landstraße.	X	
Der Bus fährt fünfmal am Tag von der Grundschule Neustadt ab.		X
Der Bus hält an zehn verschiedenen Haltestellen.		X

3 Verbinde die passenden Satzteile.

Auf diesem Busfahrplan erkennt man —— wann ein Bus abfährt.
○ wann ein Bus ankommt.

Dieser Bus hat —— keine Liniennummer.
—— eine Liniennummer.

Der Busfahrplan zeigt —— die Abfahrzeiten eines Schulbusses.
○ die Abfahrzeiten eines Reisebusses.

26 › Aussagen zum Fahrplan überprüfen
› Sätze zum Text vervollständigen

4 Male die Aussagen und die passenden Zeiten in der gleichen Farbe an.

5 Kreuze die Haltestellen der Buslinie 18 auf dem Stadtplan rot an.

6 Zeichne mit einem farbigen Stift den Weg des Busses auf dem Stadtplan ein.

27 › Aussagen zum Fahrplan zuordnen
› Fahrplaninhalt und Bild aufeinander beziehen

TEAM LUPE ERMITTELT – Lesen 4 BASIS – LÖSUNGEN

Der einsame Eisbär

Am Nordpol, tief im Schnee,
wohnt ein Eisbär an 'nem See.
Der See, er war nicht immer dort,
doch nun ist es wärmer an diesem Ort.

„Bald ist das Eis hier ganz verschwunden",
denkt der Eisbär schon seit Stunden.
„Wie soll ich Leben ohne Schnee?
Wollen die Menschen, dass ich geh?"

Der Eisbär tapst traurig herum,
die Pfoten heiß, die Stimme stumm.
Er läuft noch bis in die Nacht hinein,
ist mit seinen Sorgen ganz allein.

Doch viele Menschen sind nicht dumm,
sie denken an die Welt um sie herum.
Sie haben zum Glück schnell festgestellt,
der Nordpol ist auch wichtig für die Welt.

Drum schützen sie die Umwelt nun,
indem sie sich zusammentun.
Bald kann der Eisbär wieder lachen,
und immerzu im Schnee erwachen.

› die Textsorte Gedicht kennen
› sinnentnehmend lesen

---

1 Beantworte die Fragen. Schreibe.

Wo wohnt der Eisbär?

Der Eisbär wohnt am Nordpol.

Wie fühlt sich der Eisbär?

Der Eisbär fühlt sich traurig.

2 Ordne die Aussagen der passenden Strophe zu.
Schreibe die Strophennummer auf.

Der Eisbär kann in Zukunft besser leben, weil die Umwelt geschützt wird. Strophe: __5__

Am Nordpol schmilzt das Eis zu einem See. Strophe: __1__

Der Eisbär ist sehr verzweifelt und weiß nicht, wie er alleine eine Lösung finden soll. Strophe: __3__

Viele Menschen wissen, wie wichtig der Nordpol ist und wollen die Umwelt schützen. Strophe: __4__

Der Eisbär hat Angst, dass irgendwann der ganze Schnee geschmolzen ist. Strophe: __2__

3 Worum geht es in dem Gedicht? Verbinde.

einen glücklichen Eisbären.

Es geht um — Umweltschutz und wie wichtig der Nordpol ist.

einen zugefrorenen See.

› Fragen zum Text beantworten
› zentrale Aussagen von Strophen erfassen und zuordnen
› die Kernaussage eines Gedichts verstehen

Detektivwissen überprüfen

Schulstreik für das Klima

Greta Thunberg kommt aus Schweden. In der Grundschule erfährt sie, dass viele Umstände auf der Erde unsere Umwelt belasten oder sogar zerstören. 2018 hat sich Greta entschieden, gegen die Zerstörung der Umwelt und den damit verbundenen Klimawandel
5 zu demonstrieren. Darum ging sie an einem Tag in der Woche nicht in die Schule. Stattdessen stellte sie sich vor das schwedische Parlament und hielt ein Schild hoch auf dem „Skolstrejk för Klimatet" stand. Das bedeutet „Schulstreik für das Klima".
Anfangs haben vor allem Jugendliche, die noch schulpflichtig sind,
10 bei den Demonstrationen mitgemacht. Die Bewegung dahinter nennt sich „Fridays for Future". Die jungen Menschen möchten damit aussagen, dass sie an Freitagen nicht zur Schule gehen, um stattdessen auf die Klimakrise und unsere umweltschädliche Lebensweise aufmerksam zu machen.

1 Welches Schild gehört Greta? Kreise ein.

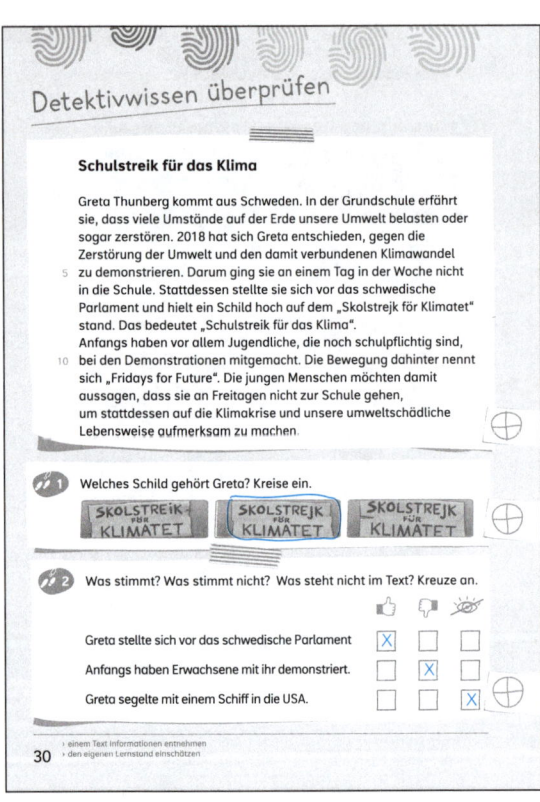

SKOLSTREIK FÜR KLIMATET   SKOLSTREJK FÜR KLIMATET   SKOLSTREJK FÜR KLIMATET

2 Was stimmt? Was stimmt nicht? Was steht nicht im Text? Kreuze an.

	👍	👎	👁
Greta stellte sich vor das schwedische Parlament.	X		
Anfangs haben Erwachsene mit ihr demonstriert.		X	
Greta segelte mit einem Schiff in die USA.			X

› einem Text Informationen entnehmen
› den eigenen Lernstand einschätzen

Spurensicherung: Der 3. Hinweis!

Umut greift nach seinem Rucksack.
„Kommt, fangen wir an zu suchen!"
Als die Kinder mit den Hunden das Haus verlassen,
lehnt gegenüber am Zaun ein blonder Junge.
Er sieht sie kurz an, geht dann aber weiter.
Lulu, Elsa und Umut steigen auf ihre Räder.
Paul ist mit dem Rolli genauso schnell.
Zuerst fahren die Detektive zur Höhle am Fluss.
Lulu möchte dem verzweifelten Mars-Forscher gerne helfen.
Auch sie findet das Weltall, die Planeten und die Sterne sehr spannend.
Die Kinder sind am Ziel. Elsa leuchtet mit der Taschenlampe
in die dunkle Höhle hinein. Uno flitzt los und bellt.
„Er hat was gefunden!", ruft Lulu.

? Zähle die Raketen und Raumschiffe. Wovon gibt es mehr?
Jetzt weißt du, was Uno gefunden hat.

X	eine Rakete		ein Raumschiff
3a		3b	

TEAM LUPE ERMITTELT – Lesen 4 BASIS – LÖSUNGEN

Ein lang erwartetes Geschenk

„Es ist endlich da!", ruft Umut, während er mit einem Päckchen unter dem Arm ins Zimmer gestürmt kommt und sich zu Elsa, Paul und Lulu setzt.

Dann berichtet er aufgeregt: „Das Päckchen kommt aus der Türkei. Mein Onkel hat mir vor einer Woche geschrieben, dass er mir mein Geburtstagsgeschenk per Post geschickt hat."

Während er erzählt, reißt Umut das Päckchen bereits auf.
„Ich habe jeden Tag darauf gewartet und eben ist es es endlich angekommen."
Die anderen schauen neugierig zu,
wie Umut eine große Schachtel aus dem Paket nimmt.
Umuts Augen huschen über bunte Buchstaben,
dann liest er laut vor: „Detektivkoffer für kleine Profis!"
„Cool! Los, mach den Koffer auf!", ruft Elsa begeistert.

Umut hebt den Deckel ab und zum Vorschein kommen eine Lupe, ein Maßband, ein Absperrband, ein Notizblock, eine Pinzette, mehrere Plastik-Röhrchen, eine Pipette, zwei Holzspatel, verschieden große Pinsel, ein Stempelkissen, eine Rolle Klebstreifen und ein Stapel kleiner Pappkarten.
„Wofür ist das denn?", will Paul wissen und hält das Stempelkissen in die Höhe. Lulu antwortet: „Ich glaube, damit kannst du Fingerabdrücke machen."
Umut ergänzt: „Dafür brauchst du dann auch diese Pappkarten hier. Das sind die Stempelkarten."
Lulu nickt und erklärt weiter: „Auf unseren Fingern sind ganz feine Linien, die man mit dem Auge kaum sehen kann. Wenn du aber einen Finger auf das Stempelkissen und dann hier auf die Karte drückst, dann werden diese Linien sichtbar und du kannst deinen Fingerabdruck sehen."

Die Kinder probieren es gleich aus und betrachten die Ergebnisse.
„Wow! Die Linien sind echt gut zu sehen. Nur bei meinem kleinen Finger hatte ich wohl nicht genug Farbe", meint Paul.
„Schaut mal, man kann sogar meine Narbe sehen", ruft Elsa im nächsten Moment erstaunt.
Umut beugt sich zu Elsa hinüber und berührt mit seinem Ärmel die Karte.
„Mist, jetzt ist der Abdruck meines Ringfingers verwischt", sagt er ärgerlich. „Nicht schlimm", tröstet ihn Lulu, „bei mir ist der Ringfinger auch nicht so gut geworden."
Umut schaut die Karten an und meint: „Komm, lass es uns gleich noch einmal probieren."
Dann reicht er Lulu eine neue Stempelkarte.

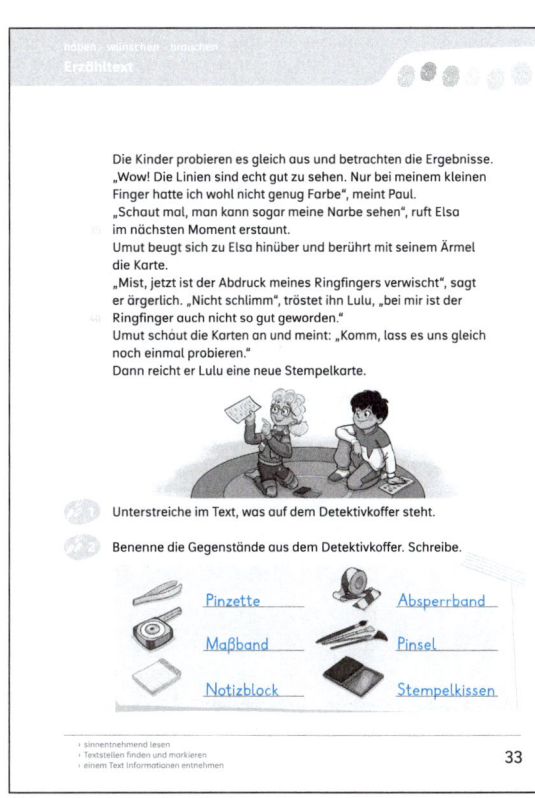

2.1 Unterstreiche im Text, was auf dem Detektivkoffer steht.

2.2 Benenne die Gegenstände aus dem Detektivkoffer. Schreibe.

Pinzette   Absperrband
Maßband   Pinsel
Notizblock   Stempelkissen

› sinnentnehmend lesen
› Textstellen finden und markieren
› einem Text Informationen entnehmen
33

2.3 Welche Gegenstände aus dem Detektivkoffer sind in Aufgabe 2 nicht abgebildet? Zähle auf.

eine Lupe, mehrere Plastik-Röhrchen, eine Pipette,
zwei Holzspatel, eine Rolle Klebstreifen, ein Stapel
kleiner Pappkarten

2.4 Welchem Kind gehört welche Stempelkarte? Verbinde.

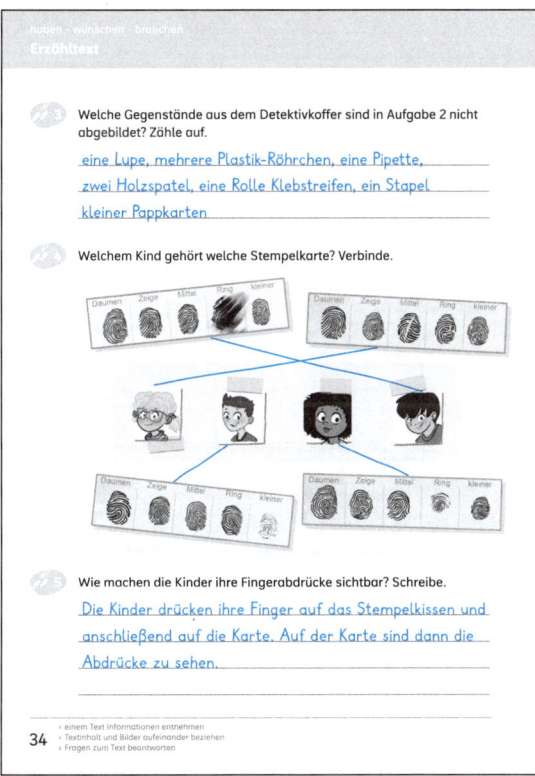

2.5 Wie machen die Kinder ihre Fingerabdrücke sichtbar? Schreibe.

Die Kinder drücken ihre Finger auf das Stempelkissen und
anschließend auf die Karte. Auf der Karte sind dann die
Abdrücke zu sehen.

34
› einem Text Informationen entnehmen
› Textinhalt und Bilder aufeinander beziehen
› Fragen zum Text beantworten

Radtour am Bodensee

Unser Angebot für Sie!
6-tägige Familien-Radtour am Bodensee

Ankommen und losfahren! Ohne Hektik und Stress!
Fahren Sie gemütlich mit Ihrer Familie am Bodensee entlang und genießen Sie die einmalige Landschaft, das imposante Alpenpanorama und das glitzernde blaue Wasser des Bodensees. Besuchen Sie die beschaulichen Städte und Ortschaften entlang des Seeufers und bestaunen Sie die beeindruckenden Sehenswürdigkeiten, die Ihnen die Bodenseeregion zu bieten hat.
Um Ihr Gepäck müssen Sie sich keine Sorgen machen. Wir kümmern uns darum und bringen es jeden Tag zum nächsten Hotel auf Ihrem Tourenplan.

Tourenplan:

Tag 1: Fahrt von Überlingen nach Unteruhldingen
Sehenswürdigkeit: die Pfahlbauten
Tag 2: Fahrt von Unteruhldingen nach Meersburg
Sehenswürdigkeit: die Burg
Tag 3: Fahrt von Meersburg mit dem Schiff nach Konstanz
Sehenswürdigkeit: der Hafen
Tag 4: Fahrt von Konstanz nach Altnau (Schweiz),
Überfahrt mit dem Schiff nach Friedrichshafen
Sehenswürdigkeit: der Aussichtsturm
Tag 5: Fahrt von Friedrichshafen nach Kressbron,
Überfahrt mit dem Schiff zur Insel Lindau
Sehenswürdigkeit: der Leuchtturm
Tag 6: Fahrt mit dem Schiff von Lindau nach Überlingen

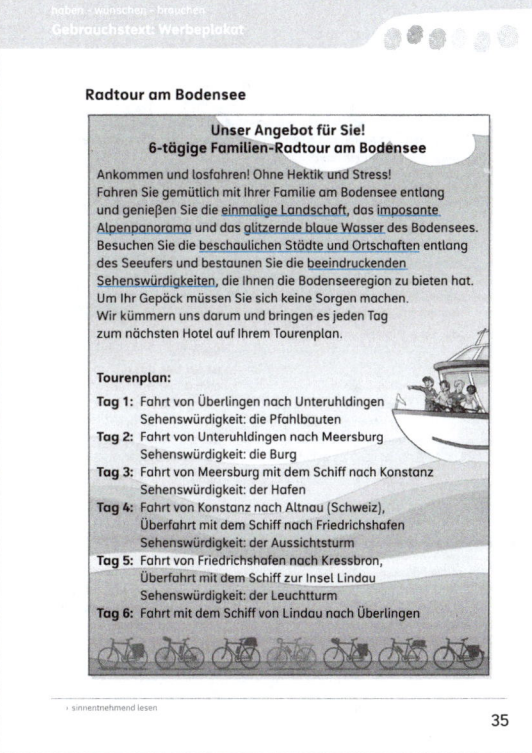

TEAM LUPE ERMITTELT – Lesen 4 BASIS – LÖSUNGEN

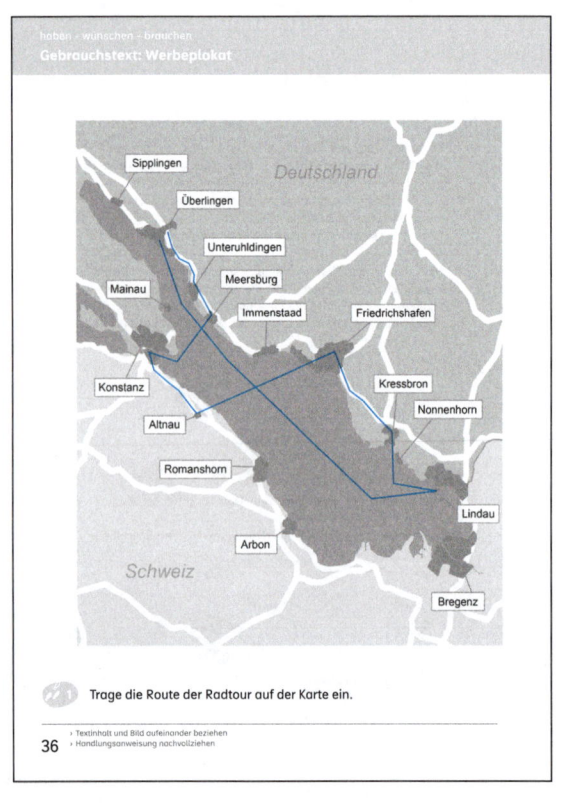

1 Trage die Route der Radtour auf der Karte ein.

› Textinhalt und Bild aufeinander beziehen
› Handlungsanweisung nachvollziehen

---

2 Für welche fünf Besonderheiten rund um den Bodensee wird geworben? Unterstreiche im Text.

3 Welche Sehenswürdigkeiten der Radtour sind abgebildet? Schreibe den Ort und den Namen der Sehenswürdigkeit auf.

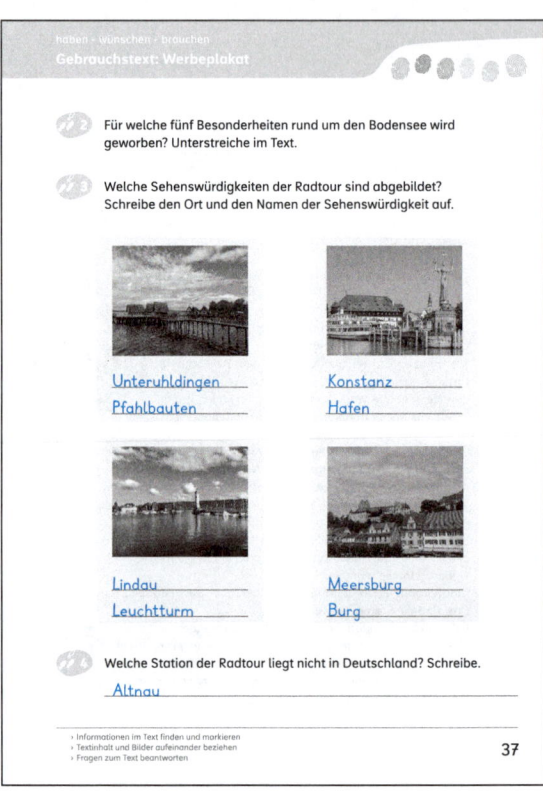

Unteruhldingen Pfahlbauten

Konstanz Hafen

Lindau Leuchtturm

Meersburg Burg

4 Welche Station der Radtour liegt nicht in Deutschland? Schreibe.

Altnau

› Informationen im Text finden und markieren
› Textinhalt und Bilder aufeinander beziehen
› Fragen zum Text beantworten

Teekesselchen

Das Teekesselchen-Spiel ist ein Ratespiel, bei dem zwei oder mehr Personen sich Aussagen zu einem Begriff überlegen, der mehrere Bedeutungen haben kann.
Die übrigen Mitspielenden müssen diesen Begriff erraten.

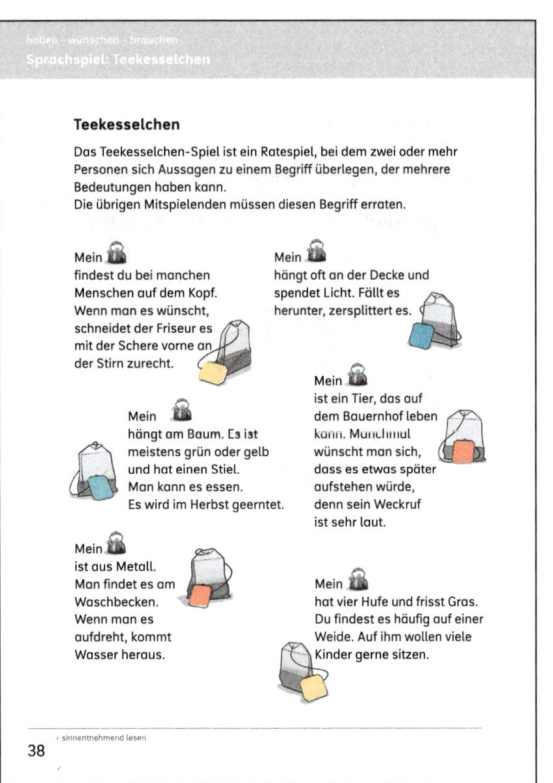

Mein findest du bei manchen Menschen auf dem Kopf. Wenn man es wünscht, schneidet der Friseur es mit der Schere vorne an der Stirn zurecht.

Mein hängt oft an der Decke und spendet Licht. Fällt es herunter, zersplittert es.

Mein hängt am Baum. Es ist meistens grün oder gelb und hat einen Stiel. Man kann es essen. Es wird im Herbst geerntet.

Mein ist ein Tier, das auf dem Bauernhof leben kann. Manchmal wünscht man sich, dass es etwas später aufstehen würde, denn sein Weckruf ist sehr laut.

Mein ist aus Metall. Man findet es am Waschbecken. Wenn man es aufdreht, kommt Wasser heraus.

Mein hat vier Hufe und frisst Gras. Du findest es häufig auf einer Weide. Auf ihm wollen viele Kinder gerne sitzen.

› sinnentnehmend lesen

---

1 Immer zwei Aussagen beschreiben dasselbe Teekesselchen. Male die Schilder an den Teebeuteln in der gleichen Farbe an.

2 Notiere die Nummern der Aussagen, die zusammengehören. Schreibe das Lösungswort auf.

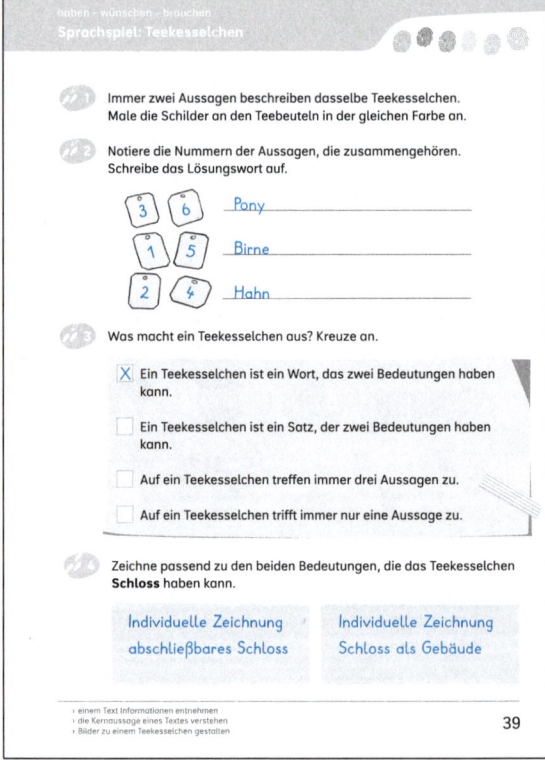

3 6 Pony

1 5 Birne

2 4 Hahn

3 Was macht ein Teekesselchen aus? Kreuze an.

[X] Ein Teekesselchen ist ein Wort, das zwei Bedeutungen haben kann.

[ ] Ein Teekesselchen ist ein Satz, der zwei Bedeutungen haben kann.

[ ] Auf ein Teekesselchen treffen immer drei Aussagen zu.

[ ] Auf ein Teekesselchen trifft immer nur eine Aussage zu.

4 Zeichne passend zu den beiden Bedeutungen, die das Teekesselchen **Schloss** haben kann.

Individuelle Zeichnung abschließbares Schloss

Individuelle Zeichnung Schloss als Gebäude

› einem Text Informationen entnehmen
› die Kernaussage eines Textes verstehen
› Bilder zu einem Teekesselchen gestalten

TEAM LUPE ERMITTELT – Lesen 4 BASIS – LÖSUNGEN

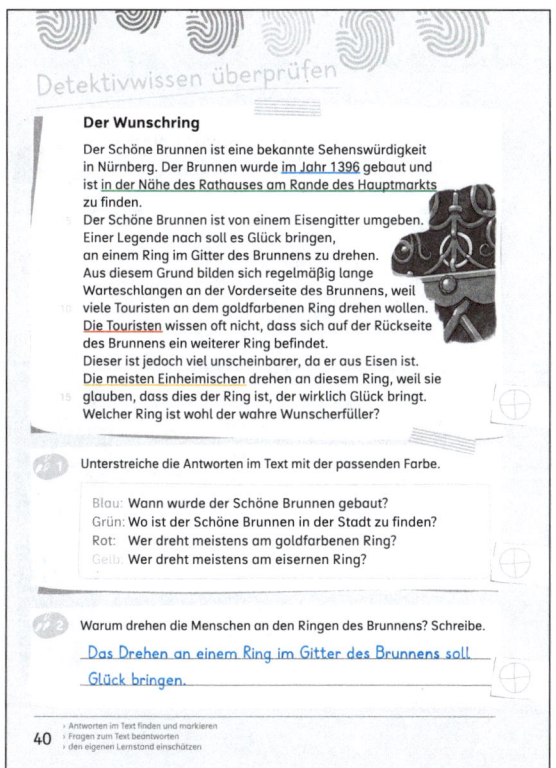

Detektivwissen überprüfen

Der Wunschring

Der Schöne Brunnen ist eine bekannte Sehenswürdigkeit in Nürnberg. Der Brunnen wurde <u>im Jahr 1396</u> gebaut und ist <u>in der Nähe des Rathauses am Rande des Hauptmarkts</u> zu finden.
Der Schöne Brunnen ist von einem Eisengitter umgeben. Einer Legende nach soll es Glück bringen, an einem Ring im Gitter des Brunnens zu drehen. Aus diesem Grund bilden sich regelmäßig lange Warteschlangen an der Vorderseite des Brunnens, weil viele Touristen an dem goldfarbenen Ring drehen wollen.
<u>Die Touristen</u> wissen oft nicht, dass sich auf der Rückseite des Brunnens ein weiterer Ring befindet. Dieser ist jedoch viel unscheinbarer, da er aus Eisen ist. <u>Die meisten Einheimischen</u> drehen an diesem Ring, weil sie glauben, dass dies der Ring ist, der wirklich Glück bringt. Welcher Ring ist wohl der wahre Wunscherfüller?

1 Unterstreiche die Antworten im Text mit der passenden Farbe.

Blau: Wann wurde der Schöne Brunnen gebaut?
Grün: Wo ist der Schöne Brunnen in der Stadt zu finden?
Rot: Wer dreht meistens am goldfarbenen Ring?
Gelb: Wer dreht meistens am eisernen Ring?

2 Warum drehen die Menschen an den Ringen des Brunnens? Schreibe.

<u>Das Drehen an einem Ring im Gitter des Brunnens soll</u>
<u>Glück bringen.</u>

› Antworten im Text finden und markieren
› Fragen zum Text beantworten
› den eigenen Lernstand einschätzen

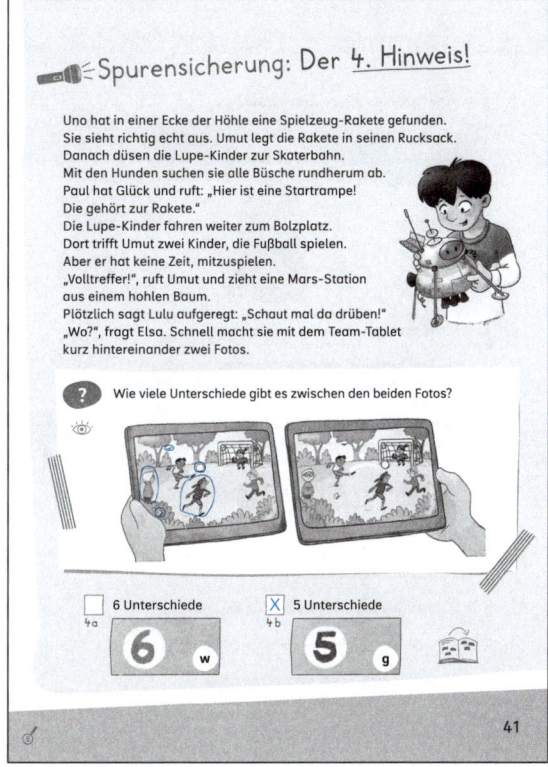

🔦 Spurensicherung: Der 4. Hinweis!

Uno hat in einer Ecke der Höhle eine Spielzeug-Rakete gefunden. Sie sieht richtig echt aus. Umut legt die Rakete in seinen Rucksack. Danach düsen die Lupe-Kinder zur Skaterbahn. Mit den Hunden suchen sie alle Büsche rundherum ab. Paul hat Glück und ruft: „Hier ist eine Startrampe! Die gehört zur Rakete."
Die Lupe-Kinder fahren weiter zum Bolzplatz. Dort trifft Umut zwei Kinder, die Fußball spielen. Aber er hat keine Zeit, mitzuspielen. „Volltreffer!", ruft Umut und zieht eine Mars-Station aus einem hohlen Baum.
Plötzlich sagt Lulu aufgeregt: „Schau mal da drüben!" „Wo?", fragt Elsa. Schnell macht sie mit dem Team-Tablet kurz hintereinander zwei Fotos.

? Wie viele Unterschiede gibt es zwischen den beiden Fotos?

☐ 6 Unterschiede   ☒ 5 Unterschiede
4a   **6** w   4b   **5** g

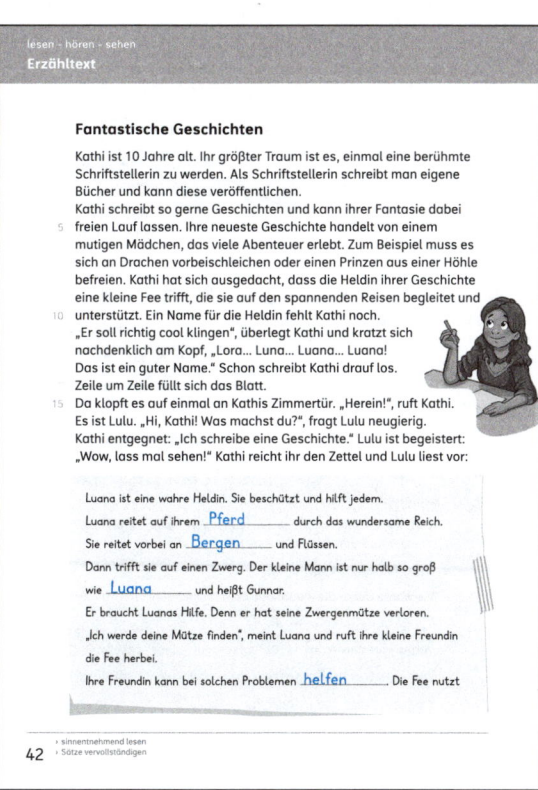

lesen · hören · sehen
Erzähltext

Fantastische Geschichten

Kathi ist 10 Jahre alt. Ihr größter Traum ist es, einmal eine berühmte Schriftstellerin zu werden. Als Schriftstellerin schreibt man eigene Bücher und kann diese veröffentlichen.
Kathi schreibt so gerne Geschichten und kann ihrer Fantasie dabei freien Lauf lassen. Ihre neueste Geschichte handelt von einem mutigen Mädchen, das viele Abenteuer erlebt. Zum Beispiel muss es sich an Drachen vorbeischleichen oder einen Prinzen aus einer Höhle befreien. Kathi hat sich ausgedacht, dass die Heldin ihrer Geschichte eine kleine Fee trifft, die sie auf den spannenden Reisen begleitet und unterstützt. Ein Name für die Heldin fehlt Kathi noch.
„Er soll richtig cool klingen", überlegt Kathi und kratzt sich nachdenklich am Kopf, „Lora... Luna... Luana... Luana! Das ist ein guter Name." Schon schreibt Kathi drauf los. Zeile um Zeile füllt sich das Blatt.
Da klopft es auf einmal an Kathis Zimmertür. „Herein!", ruft Kathi. Es ist Lulu. „Hi, Kathi! Was machst du?", fragt Lulu neugierig. Kathi entgegnet: „Ich schreibe eine Geschichte." Lulu ist begeistert: „Wow, lass mal sehen!" Kathi reicht ihr den Zettel und Lulu liest vor:

Luana ist eine wahre Heldin. Sie beschützt und hilft jedem.
Luana reitet auf ihrem <u>Pferd</u> durch das wundersame Reich.
Sie reitet vorbei an <u>Bergen</u> und Flüssen.
Dann trifft sie auf einen Zwerg. Der kleine Mann ist nur halb so groß wie <u>Luana</u> und heißt Gunnar.
Er braucht Luanas Hilfe. Denn er hat seine Zwergenmütze verloren.
„Ich werde deine Mütze finden", meint Luana und ruft ihre kleine Freundin die Fee herbei.
Ihre Freundin kann bei solchen Problemen <u>helfen</u>. Die Fee nutzt

› sinnentnehmend lesen
› Sätze vervollständigen

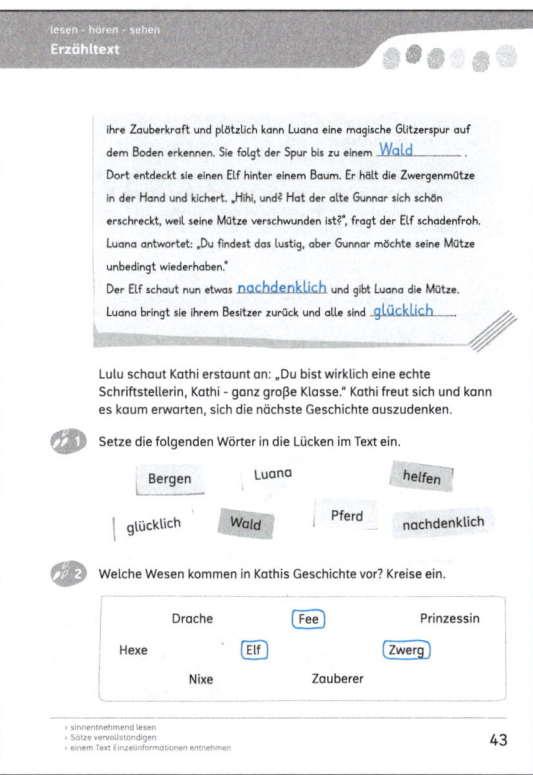

lesen · hören · sehen
Erzähltext

ihre Zauberkraft und plötzlich kann Luana eine magische Glitzerspur auf dem Boden erkennen. Sie folgt der Spur bis zu einem <u>Wald</u>.
Dort entdeckt sie einen Elf hinter einem Baum. Er hält die Zwergenmütze in der Hand und kichert. „Hihi, und? Hat der alte Gunnar sich schön erschreckt, weil seine Mütze verschwunden ist?", fragt der Elf schadenfroh.
Luana antwortet: „Du findest das lustig, aber Gunnar möchte seine Mütze unbedingt wiederhaben."
Der Elf schaut nun etwas <u>nachdenklich</u> und gibt Luana die Mütze.
Luana bringt sie ihrem Besitzer zurück und alle sind <u>glücklich</u>.

Lulu schaut Kathi erstaunt an: „Du bist wirklich eine echte Schriftstellerin, Kathi - ganz große Klasse." Kathi freut sich und kann es kaum erwarten, sich die nächste Geschichte auszudenken.

1 Setze die folgenden Wörter in die Lücken im Text ein.

Bergen   Luana   helfen
glücklich   Wald   Pferd   nachdenklich

2 Welche Wesen kommen in Kathis Geschichte vor? Kreise ein.

Drache	Fee	Prinzessin
Hexe	Elf	Zwerg
Nixe	Zauberer	

› sinnentnehmend lesen
› Sätze vervollständigen
› einem Text Einzelinformationen entnehmen

TEAM LUPE ERMITTELT – Lesen 4 BASIS – LÖSUNGEN

3 Welche Gedanken passen zu Kathi? Male an.

Schreiben ist sehr anstrengend.

Am liebsten lese ich Bücher.

4 Streiche das falsche Wort in jedem Satz durch.

Eine Schriftstellerin ~~liest~~ schreibt Romane.
Kathis Geschichten handeln von einem mutigen ~~ängstlichen~~ Mädchen.
Die Heldin aus Kathis Geschichte heißt ~~Luna~~ Luana .
Lulu ~~Umut~~ ist neugierig auf Kathis Geschichte.

5 Bringe die Aussagen in die richtige Reihenfolge.
Trage die Zahlen von 1 bis 5 ein.

4 Im Wald findet Luana einen Elf, der die Mütze gestohlen hat.

2 Gunnar hat seine Mütze verloren und braucht Hilfe.

3 Die kleine Feen-Freundin hilft mit einer Glitzerspur.

1 Luana trifft auf ihren Reisen einen Zwerg namens Gunnar.

5 Luana bringt Gunnar seine Mütze zurück.

44 › Aussagen zum Text überprüfen
› inhaltlich richtige Sätze bilden
› Textinhalte in die richtige Reihenfolge bringen

Kino früher und heute

Ins Kino gehen bedeutet Spaß, Aufregung und vielleicht auch Entspannung. Denn man sitzt in großen bequemen Sesseln und kann warmes, duftendes Popcorn essen, während auf der riesigen Leinwand ein toller Film in bester
5 Farb- und Tonqualität läuft. Aber das war nicht immer so.

Die ersten Filmvorführungen für ein zahlendes Publikum gab es 1895. Allerdings wurden die Filme damals auf Jahrmärkten in Zelten vorgeführt. Manchmal gab es Bänke, auf die man sich setzen konnte. Wenn man Pech
10 hatte, musste man sich den Film im Stehen anschauen. Allerdings dauerten die Filme nur wenige Minuten. Sie waren in schwarz-weiß und ohne Ton. Es wurden alltägliche Situationen oder gespielte Witze gezeigt.

Bald darauf wurden die Filme länger, beliebter und es
15 wurden extra Kinogebäude dafür gebaut. Kinos wurden so prächtig wie Paläste ausgestattet. Es gab Samtvorhänge und Kronleuchter. Deshalb wurden Kinos auch „Filmpaläste" genannt. Zu dieser Zeit war es etwas sehr Besonderes, ins Kino
20 zu gehen. Die Menschen zogen ihre beste Kleidung für den Kinobesuch an. Ein Orchester spielte im Graben vor der Leinwand und erzeugte so die Musik des Films.

Im Jahr 1900 wurde der erste Farbfilm und 1926 der erste
25 Tonfilm produziert. Ab diesem Zeitpunkt ähnelten die Filme viel mehr dem, was wir heute kennen. Sehr lange war das Kino äußerst beliebt. Sogar Nachrichten wurden dort angeschaut. Allerdings hatten ab den 1970er Jahre die meisten Leute

---

30 einen Fernseher zuhause und fast niemand ging noch ins Kino. Viele Kinos mussten schließen.

Erst seit den 1990er Jahre gingen die Menschen wieder häufiger ins Kino. Dies lag daran, dass die Ton- und Bildqualität von Kinofilmen nun bedeutend besser war, als auf einem Fernseher.
35 Man konnte das Gefühl haben, mitten im Film zu sein. So schaffte es das Kino, wieder etwas Besonderes zu werden.

1 Unterstreiche die Antworten im Text mit der passenden Farbe.

Rot: Wann gab es die erste Filmvorführung?
Blau: Wie nannte man Kinos früher noch?
Grün: Wann wurde der erste Tonfilm produziert?
Gelb: Was wurde außer Filmen noch in Kinos angeschaut?

2 Bringe die Bilder in die richtige Reihenfolge. Trage die Zahlen 1-4 ein.

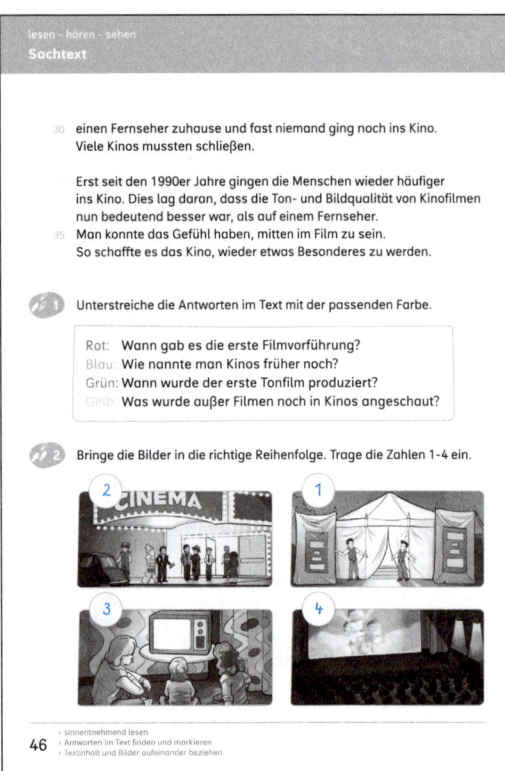

46 › sinnentnehmend lesen
› Antworten im Text finden und markieren
› Textinhalt und Bilder aufeinander beziehen

---

3 Ordne die Aussagen der passenden Jahreszahl zu. Verbinde.

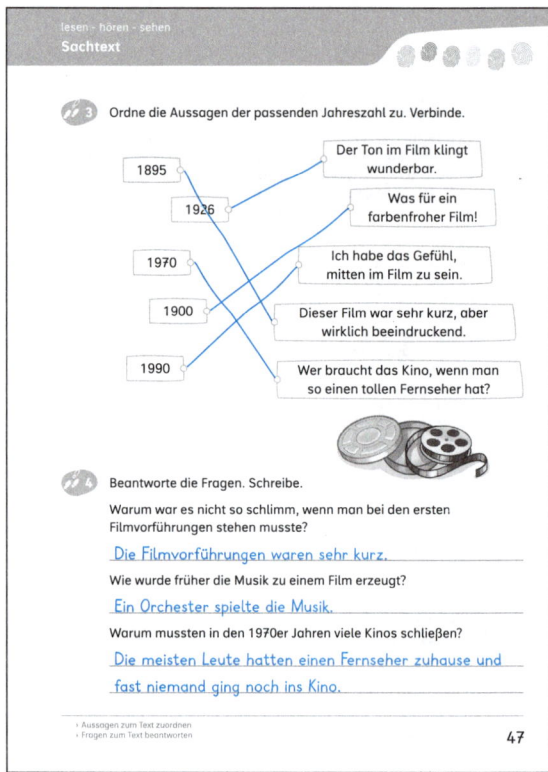

1895 — Der Ton im Film klingt wunderbar.
1926 — Was für ein farbenfroher Film!
1970 — Ich habe das Gefühl, mitten im Film zu sein.
1900 — Dieser Film war sehr kurz, aber wirklich beeindruckend.
1990 — Wer braucht das Kino, wenn man so einen tollen Fernseher hat?

4 Beantworte die Fragen. Schreibe.

Warum war es nicht so schlimm, wenn man bei den ersten Filmvorführungen stehen musste?

Die Filmvorführungen waren sehr kurz.

Wie wurde früher die Musik zu einem Film erzeugt?

Ein Orchester spielte die Musik.

Warum mussten in den 1970er Jahren viele Kinos schließen?

Die meisten Leute hatten einen Fernseher zuhause und fast niemand ging noch ins Kino.

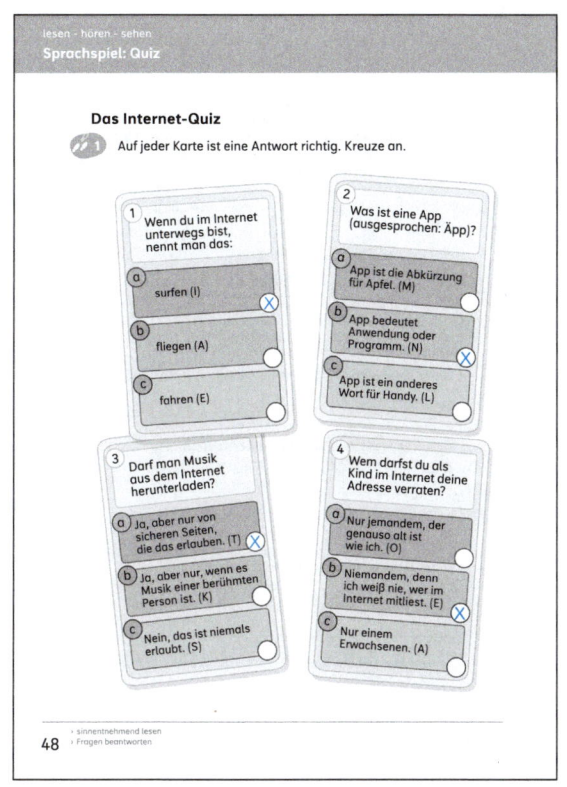

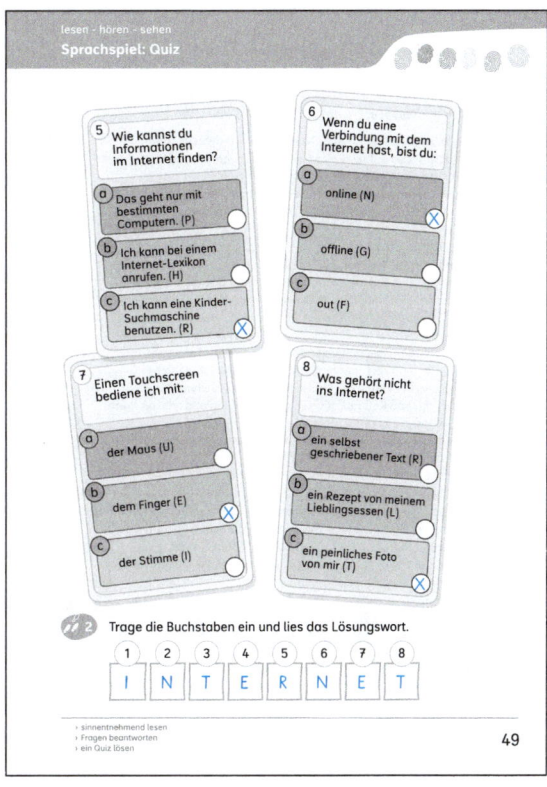

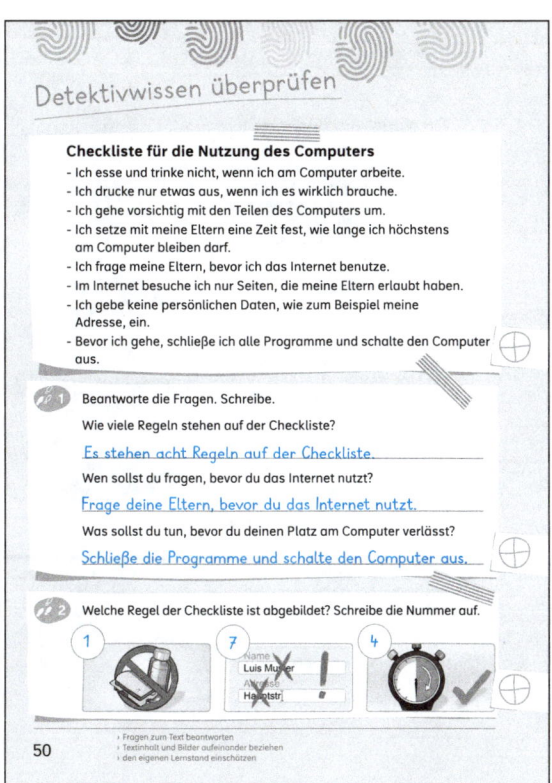

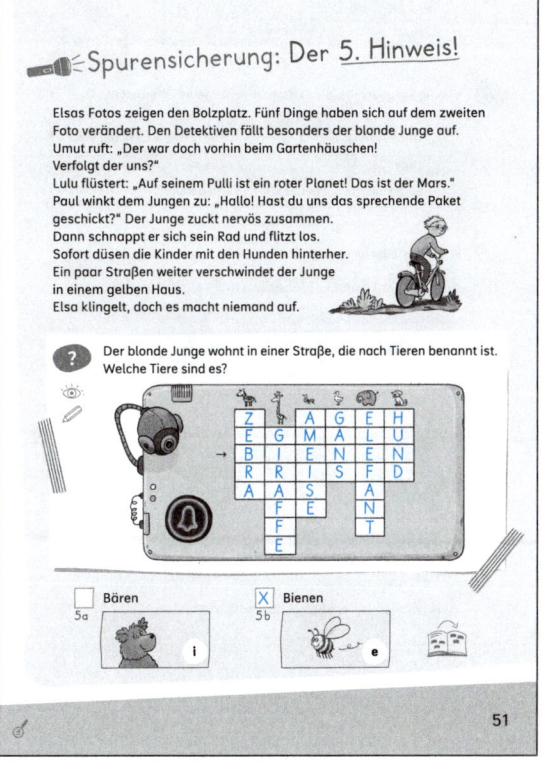

Das Internet-Quiz

Auf jeder Karte ist eine Antwort richtig. Kreuze an.

Trage die Buchstaben ein und lies das Lösungswort.

1	2	3	4	5	6	7	8
I	N	T	E	R	N	E	T

Checkliste für die Nutzung des Computers

Beantworte die Fragen. Schreibe.

Wie viele Regeln stehen auf der Checkliste?

Es stehen acht Regeln auf der Checkliste.

Wen sollst du fragen, bevor du das Internet nutzt?

Frage deine Eltern, bevor du das Internet nutzt.

Was sollst du tun, bevor du deinen Platz am Computer verlässt?

Schließe die Programme und schalte den Computer aus.

Welche Regel der Checkliste ist abgebildet? Schreibe die Nummer auf.

Spurensicherung: Der 5. Hinweis!

Der blonde Junge wohnt in einer Straße, die nach Tieren benannt ist. Welche Tiere sind es?

Bären / Bienen

TEAM LUPE ERMITTELT – Lesen 4 BASIS – LÖSUNGEN

Maras Robotertraum

Mara liegt auf ihrem Bett und ist in eine Kinderzeitschrift
vertieft. Vorne auf der Zeitschrift ist der Schriftzug *WifüKi*
zu erkennen. Das ist die Abkürzung für Wissen für Kinder.
Jeden Monat kauft Mara die Zeitschrift am Kiosk und ist
5 gespannt, um was es diesmal in der Ausgabe gehen wird.

Im *WifüKi* werden immer interessante Sachen aus den
Themenbereichen Natur und Technik erklärt.
Mara hat zum Beispiel schon erfahren, welche die stärksten
Tiere der Welt sind, warum Schnecken über eine Messerklinge
10 kriechen können oder wie ein Astronaut im Weltall atmen kann.
Dieses Mal trägt die Zeitschrift den Titel „Roboter".
Maras Augen huschen lesend über die Seiten. Sie betrachtet
die Bilder und Zeichnungen und staunt besonders über ein
Mädchen in ihrem Alter, das zusammen mit seiner Mama
15 einen eigenen Roboter gebaut hat, der laufen und winken kann.
Dieser Bericht bringt Mara zum Träumen. Wenn sie auch
so einen Roboter bauen könnte, was sollte er dann können?

Nachdenklich schaut Mara zu ihrem Schreibtisch hinüber.
Dort liegt noch ihre Deutschhausaufgabe. Vorhin hat Mara
20 einiges im Heft wegradieren müssen und dann erst einmal eine
Pause gebraucht und sich mit ihrer Zeitschrift auf das Bett gelegt.
Nun kann Mara von ihrem Bett aus die vielen kleinen
Radiergummiraspeln sehen, die über den ganzen Tisch verteilt
sind. Das sieht ganz schön dreckig aus.
25 „Wie praktisch wäre es", denkt Mara, „wenn ich einen ganz
kleinen Roboter bauen könnte, der auf dem Schreibtisch
herumfahren und die Radiergummiraspeln einsammeln würde.
Wie könnte mein Roboter aussehen?"
Mara schließt die Augen und stellt sich einen kleinen Roboter
30 mit roten und blauen Blinklichtern und einem winzigen Schlauch

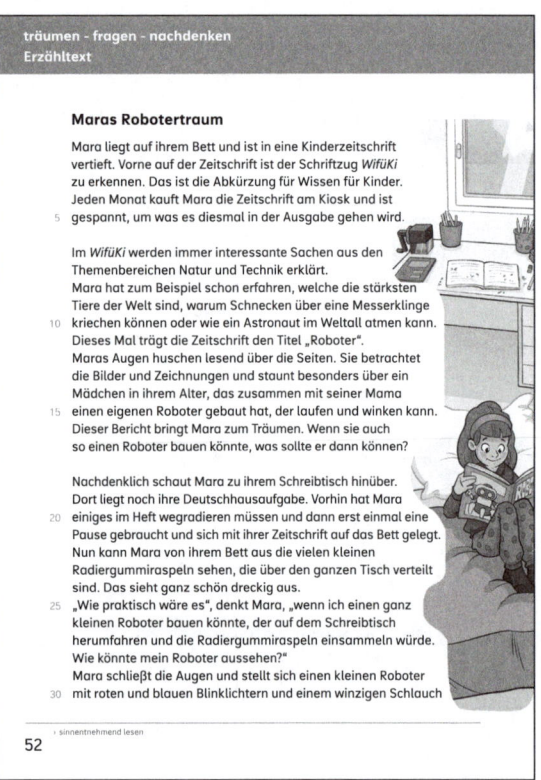

vor, der auf drei kleinen Rädern über ihre Schulhefte saust.
Bei dem Gedanken muss Mara grinsen. „Wenn ich groß bin, muss ich
so einen Roboter unbedingt erfinden!", nimmt sie sich fest vor und
vertieft sich dann wieder in ihre Zeitschrift.

1 Beantworte die Fragen. Gib an, in welcher Zeile du die Information
gefunden hast.

Was liest Mara auf dem Bett?

Mara liest eine Kinderzeitschrift auf dem Bett.

Zeile: _1_

Wofür steht die Abkürzung *WifüKi*?

Die Abkürzung WifüKi steht für Wissen für Kinder.

Zeile: _3_

Wie oft im Monat holt sich Mara die Zeitschrift?

Mara holt sich jeden Monat die Zeitschrift.

Zeile: _4_

Wo kauft Mara die Zeitschrift?

Mara kauft ihre Zeitschrift am Kiosk.

Zeile: _4_

Welche Themenbereiche werden in der Zeitschrift behandelt?

Es werden die Bereiche Natur und Technik behandelt.

Zeile: _7_

› sinnentnehmend lesen
› Fragen zum Text beantworten
› Textstellen finden und benennen
53

2 Welche Ausgabentitel der Zeitschrift besitzt Mara? Kreuze an.

- [X] Überleben im Weltall
- [ ] Die größten Tiere der Welt
- [ ] Unter dem Meer
- [X] Die stärksten Tiere der Welt
- [X] Einheimische Schnecken
- [X] Roboter

3 Worüber staunt Mara besonders? Schreibe.

Mara staunt über ein Mädchen in ihrem Alter, das
zusammen mit seiner Mutter einen eigenen Roboter
gebaut hat, der laufen und winken kann.

4 Welcher Roboter passt zu Maras Vorstellung? Kreuze an.

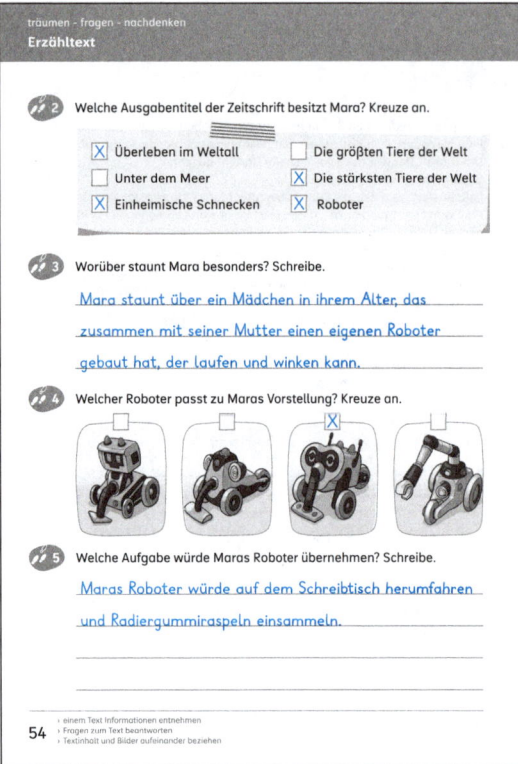

5 Welche Aufgabe würde Maras Roboter übernehmen? Schreibe.

Maras Roboter würde auf dem Schreibtisch herumfahren
und Radiergummiraspeln einsammeln.

54
› einem Text Informationen entnehmen
› Fragen zum Text beantworten
› Textinhalt und Bilder aufeinander beziehen

Der einsamste Wal der Welt

Es gibt ungefähr 80 verschiedene Walarten auf
der Welt. Viele davon unterhalten sich über das
Ausstoßen von Tönen. Diese Töne werden oft
auch als Walgesang bezeichnet. Wenn ein Wal
5 also singt, unterhält er sich mit anderen Walen.
Die Töne, die ein Wal ausstößt, haben bestimmte
Tonhöhen. Der Fachbegriff für die Tonhöhe ist
Frequenz. Die Frequenz wird in der Einheit Hertz
(abgekürzt Hz) gemessen.

10 Der sogenannte 52-Hertz-Wal besitzt einen
besonderen Gesang und wird deshalb auch
der einsamste Wal der Welt genannt und das
aus folgendem Grund:
Wie der Name es schon sagt, stößt er Töne mit
15 der Frequenz von 52Hz aus. Mithilfe von
Unterwassermikrofonen wurde herausgefunden,
dass der 52-Hertz-Wal viel und laut singt.
Aber nie noch konnte eine Antwort eines
anderen Wales aufgezeichnet werden.
20 Deshalb geht man davon aus, dass sich der
52-Hertz-Wal nicht mit anderen Walen
verständigen kann, weil er auf einer Tonhöhe
singt, die andere Wale vermutlich nicht hören
oder nicht gut verstehen können.
25 Aus diesem Grund schwimmt der 52-Hertz-Wal
wahrscheinlich auch allein durch die Weltmeere.

Bisher hat kein Mensch diesen besonderen Wal
zu Gesicht bekommen. Nur seine Gesänge
werden seit 1989 aufgezeichnet.
30 Da niemand das Tier je gesehen hat, ist bisher

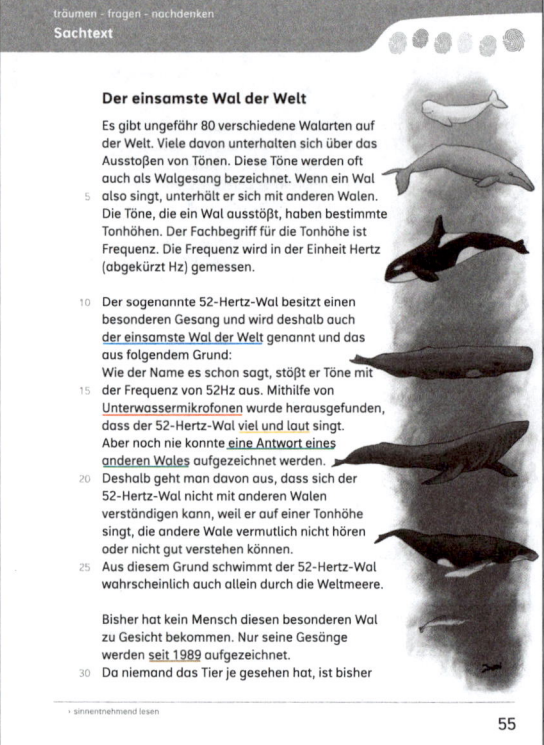

TEAM LUPE ERMITTELT – Lesen 4 BASIS – LÖSUNGEN

auch noch nicht geklärt, zu welcher Walart der
52-Hertz-Wal gehört. Es gibt zum einen die
Überlegung, dass es sich beim 52-Hertz-Wal
um eine Kreuzung zwischen zwei verschiedenen
35 Walarten handeln könnte und der Wal deshalb
so anders singt.

Zum anderen gibt es die Überlegung, dass das
Tier zu einer bereits bekannten Walart gehört
und sich nur aufgrund eines Sprachfehlers nicht
40 mit seinen Verwandten unterhalten kann.
Ob eine dieser Vermutungen richtig ist, muss von
der Wissenschaft noch herausgefunden werden.

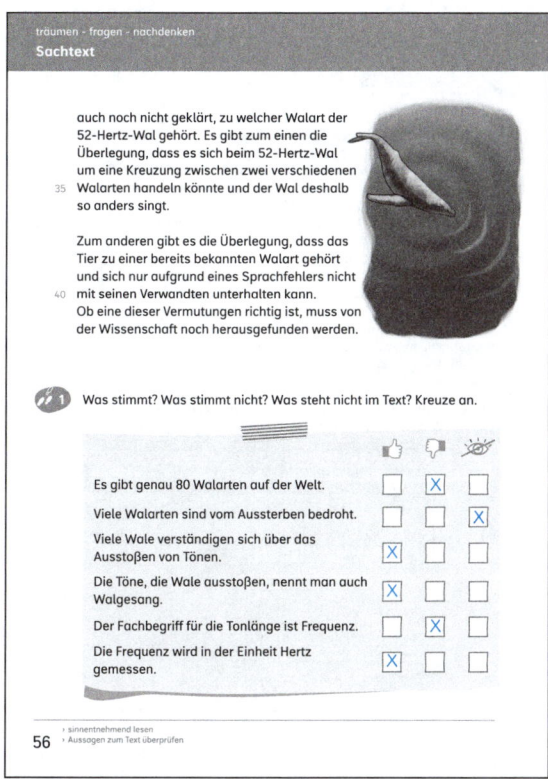

1 Was stimmt? Was stimmt nicht? Was steht nicht im Text? Kreuze an.

	👍	👎	👁
Es gibt genau 80 Walarten auf der Welt.		X	
Viele Walarten sind vom Aussterben bedroht.			X
Viele Wale verständigen sich über das Ausstoßen von Tönen.	X		
Die Töne, die Wale ausstoßen, nennt man auch Walgesang.	X		
Der Fachbegriff für die Tonlänge ist Frequenz.		X	
Die Frequenz wird in der Einheit Hertz gemessen.	X		

2 Unterstreiche die Antworten im Text mit der passenden Farbe.

Blau:	Wie wird der 52-Hertz-Wal noch genannt?
Rot:	Mithilfe welcher Geräte wurde der Gesang des 52-Hertz-Wals aufgenommen?
Gelb:	Wie singt der 52-Hertz-Wal?
Grün:	Was konnte noch nie aufgezeichnet werden?
Braun:	Seit wann werden die Gesänge des Wals aufgezeichnet?

3 Warum konnte der 52-Hertz-Wal bisher noch keiner Walart zugeordnet werden? Kreuze an.

☐ Die Gesänge des Wals konnten bisher nicht aufgezeichnet werden, weil er zu leise singt.

☒ Der Wal wurde bisher noch nie gesichtet.

☐ Der Wal ähnelt in seinem Äußeren keiner bekannten Walart.

4 Welche zwei Vermutungen zur Herkunft des 52-Hertz-Wales gibt es? Schreibe.

1. Vermutung: <u>Es handelt sich um eine Kreuzung zwischen zwei verschiedenen Walarten.</u>

2. Vermutung: <u>Der Wal gehört zu einer bereits bestehenden Walart, hat aber einen Sprachfehler.</u>

Tierische Träume

Puschelschwanz und rotes Fell,
über Äste flitzen, flink und schnell,
rauf und runter jeden Baum,
ein Berg von Nüssen ist sein Traum.

Runde Ohren, die Augen klein,
streift durch die Wälder meist allein,
pflegt sein Fell, dicht und braun,
ein Topf voll Honig ist sein Traum.

Gute Nase, schnelle Beine,
geht gern Gassi an der Leine,
schnüffelt an jedem Busch und Zaun,
ein dicker Knochen ist sein Traum.

Lange Ohren, große Füße,
sitzt auf dem Acker im Gemüse,
läuft er weg, hört man ihn kaum,
eine dicke Karotte ist sein Traum.

Spitzer Schnabel, einen Ring am Bein,
legt in das Nest seine Eier hinein,
putzt seine Federn und den weichen Flaum,
eine Schale voller Körner ist sein Traum.

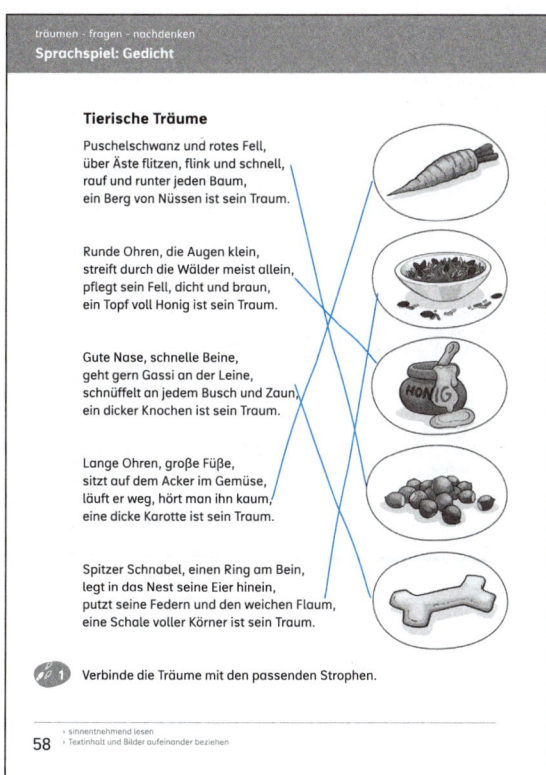

1 Verbinde die Träume mit den passenden Strophen.

2 Welche Tiere werden in den Strophen beschrieben? Schreibe.

1. <u>Eichhörnchen</u>
2. <u>Bär</u>
3. <u>Hund</u>
4. <u>Hase</u>
5. <u>Huhn/Vogel</u>

3 Was passt zu den Zeilen der Strophe? Verbinde.

1. Zeile		Traum des Tieres
2.+3. Zeile		Tätigkeiten des Tieres
4. Zeile		Aussehen des Tieres

4 Sortiere die Zeilen in der richtigen Reihenfolge. Nummeriere.

4 ein Napf voll Milch ist ihr Traum.

1 Schnurrbarthaare, weiche Tatzen,

2 jagt gern Mäuse oder Spatzen,

3 hier und da ein leises Miaun,

› einem Text Informationen entnehmen
› den inhaltlichen Aufbau einer Strophe erfassen
› die Verse einer Strophe ordnen
59

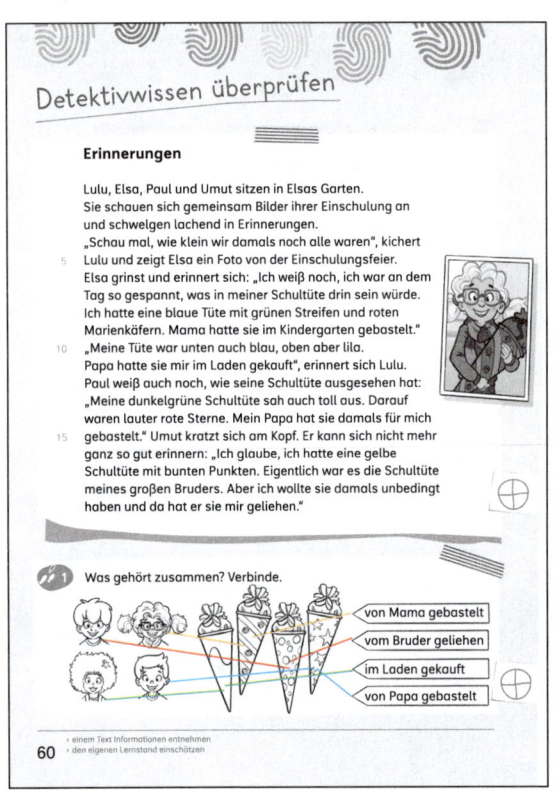

Detektivwissen überprüfen

Erinnerungen

Lulu, Elsa, Paul und Umut sitzen in Elsas Garten.
Sie schauen sich gemeinsam Bilder ihrer Einschulung an
und schwelgen lachend in Erinnerungen.
„Schau mal, wie klein wir damals noch alle waren", kichert
5 Lulu und zeigt Elsa ein Foto von der Einschulungsfeier.
Elsa grinst und erinnert sich: „Ich weiß noch, ich war an dem
Tag so gespannt, was in meiner Schultüte drin sein würde.
Ich hatte eine blaue Tüte mit grünen Streifen und roten
Marienkäfern. Mama hatte sie im Kindergarten gebastelt."
10 „Meine Tüte war unten auch blau, oben aber lila.
Papa hatte sie mir im Laden gekauft", erinnert sich Lulu.
Paul weiß auch noch, wie seine Schultüte ausgesehen hat:
„Meine dunkelgrüne Schultüte sah auch toll aus. Darauf
waren lauter rote Sterne. Mein Papa hat sie damals für mich
15 gebastelt." Umut kratzt sich am Kopf. Er kann sich nicht mehr
ganz so gut erinnern: „Ich glaube, ich hatte eine gelbe
Schultüte mit bunten Punkten. Eigentlich war es die Schultüte
meines großen Bruders. Aber ich wollte sie damals unbedingt
haben und da hat er sie mir geliehen."

1 Was gehört zusammen? Verbinde.

- von Mama gebastelt
- vom Bruder geliehen
- im Laden gekauft
- von Papa gebastelt

> einem Text Informationen entnehmen
> den eigenen Lernstand einschätzen

60

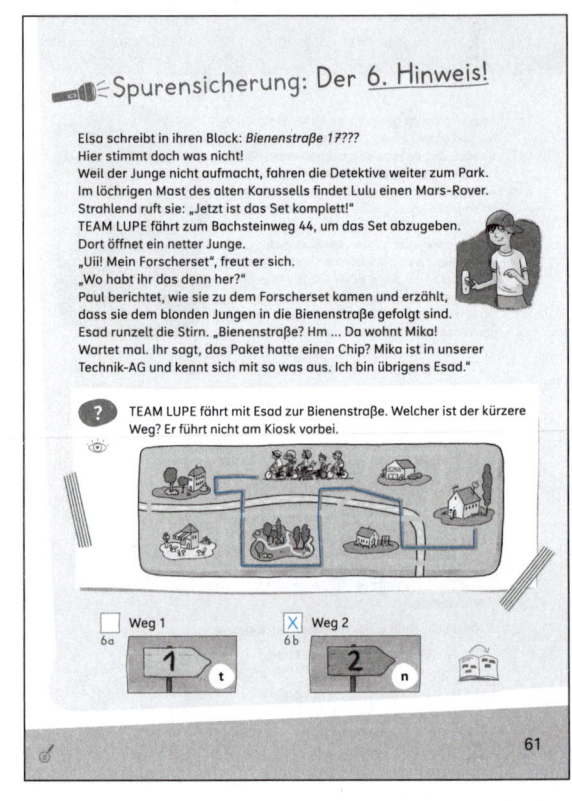

Spurensicherung: Der 6. Hinweis!

Elsa schreibt in ihren Block: *Bienenstraße 17???*
Hier stimmt doch was nicht!
Weil der Junge nicht aufmacht, fahren die Detektive weiter zum Park.
Im löchrigen Mast des alten Karussells findet Lulu einen Mars-Rover.
Strahlend ruft sie: „Jetzt ist das Set komplett!"
TEAM LUPE fährt zum Bachsteinweg 44, um das Set abzugeben.
Dort öffnet ein netter Junge.
„Uii! Mein Forscherset", freut er sich.
„Wo habt ihr das denn her?"
Paul berichtet, wie sie zu dem Forscherset kamen und erzählt,
dass sie dem blonden Jungen in die Bienenstraße gefolgt sind.
Esad runzelt die Stirn. „Bienenstraße? Hm ... Da wohnt Mika!
Wartet mal. Ihr sagt, das Paket hatte einen Chip? Mika ist in unserer
Technik-AG und kennt sich mit so was aus. Ich bin übrigens Esad."

? TEAM LUPE fährt mit Esad zur Bienenstraße. Welcher ist der kürzere
Weg? Er führt nicht am Kiosk vorbei.

Weg 1	Weg 2 [X]
6a	6b
1 t	**2** n

61

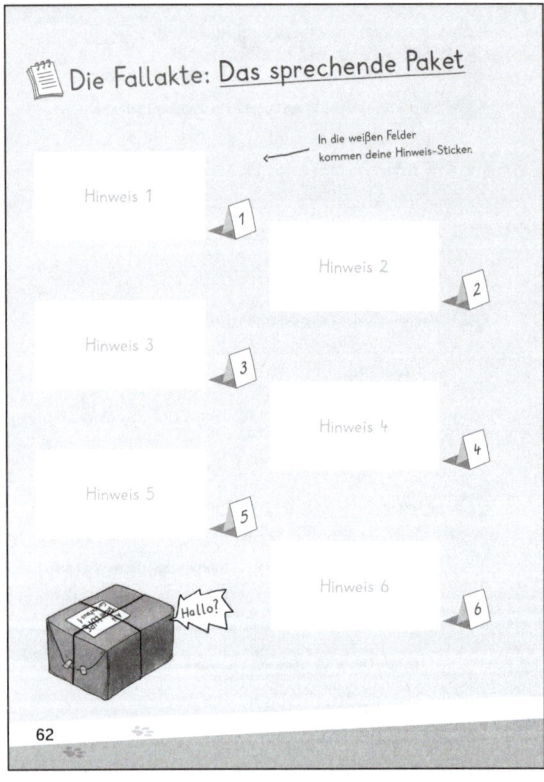

Die Fallakte: Das sprechende Paket

In die weißen Felder
kommen deine Hinweis-Sticker.

Hinweis 1 **1**

Hinweis 2 **2**

Hinweis 3 **3**

Hinweis 4 **4**

Hinweis 5 **5**

Hinweis 6 **6**

Hallo!?

62

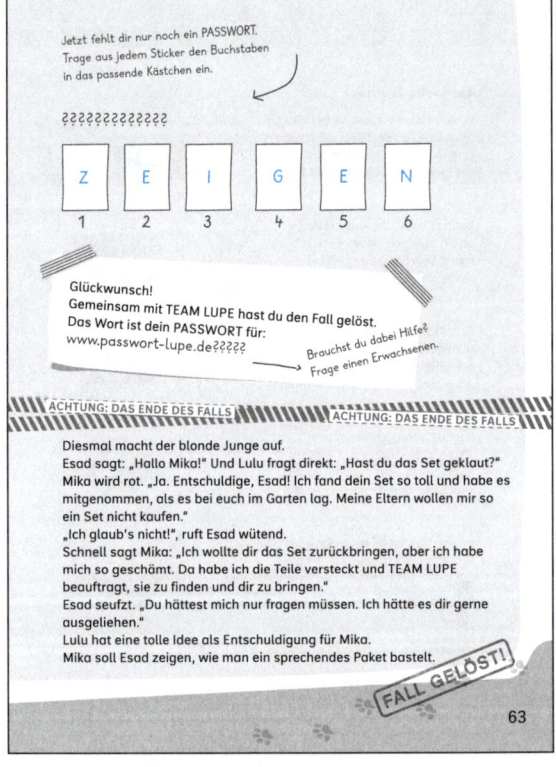

Jetzt fehlt dir nur noch ein PASSWORT.
Trage aus jedem Sticker den Buchstaben
in das passende Kästchen ein.

Z	E	I	G	E	N
1	2	3	4	5	6

Glückwunsch!
Gemeinsam mit TEAM LUPE hast du den Fall gelöst.
Das Wort ist dein PASSWORT für:
www.passwort-lupe.de?????

→ Brauchst du dabei Hilfe?
Frage einen Erwachsenen.

ACHTUNG: DAS ENDE DES FALLS **ACHTUNG: DAS ENDE DES FALLS**

Diesmal macht der blonde Junge auf.
Esad sagt: „Hallo Mika!" Und Lulu fragt direkt: „Hast du das Set geklaut?"
Mika wird rot. „Ja. Entschuldige, Esad! Ich fand dein Set so toll und habe es
mitgenommen, als es bei euch im Garten lag. Meine Eltern wollen mir so
ein Set nicht kaufen."
„Ich glaub's nicht!", ruft Esad wütend.
Schnell sagt Mika: „Ich wollte dir das Set zurückbringen, aber ich habe
mich so geschämt. Da habe ich die Teile versteckt und TEAM LUPE
beauftragt, sie zu finden und dir zu bringen."
Esad seufzt. „Du hättest mich nur fragen müssen. Ich hätte es dir gerne
ausgeliehen."
Lulu hat eine tolle Idee als Entschuldigung für Mika.
Mika soll Esad zeigen, wie man ein sprechendes Paket bastelt.

FALL GELÖST!

63

Mein Stickerbogen

TEAM **LUPE** ERMITTELT

TEAM LUPE

FALL GELÖST!

Super Detektivin

SUPER DETEKTIV

WICHTIG!

STRENG GEHEIM

SPÜRNASE

SCHLAU KOPF

Illustrationen: Michael Stapper

Bearbeite so alle 6 Kapitel im Heft.
Am Ende hast du dann 6 Hinweis-Sticker in der Fallakte gesammelt.

3 ## Die Fallakte

Juchhu!

Die Fallakte:

1
2
3
4
5
6

1 2 3 4 5 6

Auf dieser Seite sammelst du
die 6 richtigen Hinweis-Sticker.

Auf jedem Sticker findest du einen Buchstaben.
Die Buchstaben ergeben das Passwort.
Trage jeden Buchstaben
in das passende Kästchen ein.

Hinweis 1 =
Buchstabe 1 ————>

1

Außerdem kannst du in der Fallakte
das Ende des Falls lesen.

FALL GELÖST!

Brauchst du dabei Hilfe?
Frage einen Erwachsenen.

Passwort für den Fall:

1 2 3 4 5 6

4 Gehe im Internet auf diese Seite:

www.team-lupe-ermittelt.de/paket

Gib nun das Passwort ein.

Hast du das richtige Passwort eingegeben?
Dann wartet eine kleine Überraschung auf dich.

Illustrationen: Michael Stapper

Die Kinder probieren es gleich aus und betrachten die Ergebnisse.
„Wow! Die Linien sind echt gut zu sehen. Nur bei meinem kleinen
Finger hatte ich wohl nicht genug Farbe", meint Paul.
„Schaut mal, man kann sogar meine Narbe sehen", ruft Elsa
35 im nächsten Moment erstaunt.
Umut beugt sich zu Elsa hinüber und berührt mit seinem Ärmel
die Karte.
„Mist, jetzt ist der Abdruck meines Ringfingers verwischt", sagt
er ärgerlich. „Nicht schlimm", tröstet ihn Lulu, „bei mir ist der
40 Ringfinger auch nicht so gut geworden."
Umut schaut die Karten an und meint: „Komm, lass es uns gleich
noch einmal probieren."
Dann reicht er Lulu eine neue Stempelkarte.

1 Unterstreiche im Text, was auf dem Detektivkoffer steht.

2 Benenne die Gegenstände aus dem Detektivkoffer. Schreibe.

> sinnentnehmend lesen
> Textstellen finden und markieren
> einem Text Informationen entnehmen

 **3** Welche Gegenstände aus dem Detektivkoffer sind in Aufgabe 2 nicht abgebildet? Zähle auf.

_____

_____

_____

 **4** Welchem Kind gehört welche Stempelkarte? Verbinde.

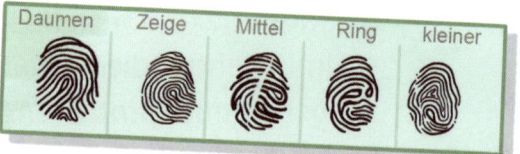

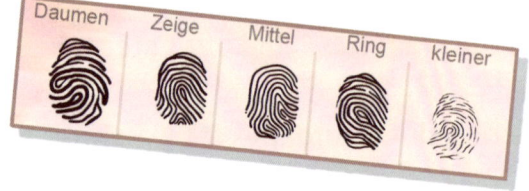
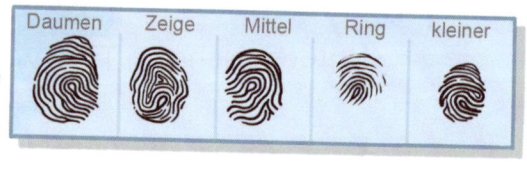

 **5** Wie machen die Kinder ihre Fingerabdrücke sichtbar? Schreibe.

_____

_____

_____

_____

› einem Text Informationen entnehmen
› Textinhalt und Bilder aufeinander beziehen
› Fragen zum Text beantworten

Radtour am Bodensee

Unser Angebot für Sie!
6-tägige Familien-Radtour am Bodensee

Ankommen und losfahren! Ohne Hektik und Stress!
Fahren Sie gemütlich mit Ihrer Familie am Bodensee entlang
und genießen Sie die einmalige Landschaft, das imposante
Alpenpanorama und das glitzernde blaue Wasser des Bodensees.
Besuchen Sie die beschaulichen Städte und Ortschaften entlang
des Seeufers und bestaunen Sie die beeindruckenden
Sehenswürdigkeiten, die Ihnen die Bodenseeregion zu bieten hat.
Um Ihr Gepäck müssen Sie sich keine Sorgen machen.
Wir kümmern uns darum und bringen es jeden Tag
zum nächsten Hotel auf Ihrem Tourenplan.

Tourenplan:

Tag 1: Fahrt von Überlingen nach Unteruhldingen
Sehenswürdigkeit: die Pfahlbauten

Tag 2: Fahrt von Unteruhldingen nach Meersburg
Sehenswürdigkeit: die Burg

Tag 3: Fahrt von Meersburg mit dem Schiff nach Konstanz
Sehenswürdigkeit: der Hafen

Tag 4: Fahrt von Konstanz nach Altnau (Schweiz),
Überfahrt mit dem Schiff nach Friedrichshafen
Sehenswürdigkeit: der Aussichtsturm

Tag 5: Fahrt von Friedrichshafen nach Kressbron,
Überfahrt mit dem Schiff zur Insel Lindau
Sehenswürdigkeit: der Leuchtturm

Tag 6: Fahrt mit dem Schiff von Lindau nach Überlingen

› sinnentnehmend lesen

Sipplingen

Deutschland

Überlingen

Unteruhldingen

Meersburg

Mainau

Immenstaad

Friedrichshafen

Konstanz

Kressbron

Nonnenhorn

Altnau

Romanshorn

Lindau

Arbon

Schweiz

Bregenz

 **1** Trage die Route der Radtour auf der Karte ein.

› Textinhalt und Bild aufeinander beziehen
› Handlungsanweisung nachvollziehen

2 Für welche fünf Besonderheiten rund um den Bodensee wird geworben? Unterstreiche im Text.

3 Welche Sehenswürdigkeiten der Radtour sind abgebildet? Schreibe den Ort und den Namen der Sehenswürdigkeit auf.

_____

_____

_____

_____

4 Welche Station der Radtour liegt nicht in Deutschland? Schreibe.

_____

› Informationen im Text finden und markieren
› Textinhalt und Bilder aufeinander beziehen
› Fragen zum Text beantworten

37

Teekesselchen

Das Teekesselchen-Spiel ist ein Ratespiel, bei dem zwei oder mehr Personen sich Aussagen zu einem Begriff überlegen, der mehrere Bedeutungen haben kann.
Die übrigen Mitspielenden müssen diesen Begriff erraten.

Mein findest du bei manchen Menschen auf dem Kopf. Wenn man es wünscht, schneidet der Friseur es mit der Schere vorne an der Stirn zurecht.

3

Mein hängt oft an der Decke und spendet Licht. Fällt es herunter, zersplittert es.

1

Mein  hängt am Baum. Es ist meistens grün oder gelb und hat einen Stiel. Man kann es essen. Es wird im Herbst geerntet.

5

Mein  ist ein Tier, das auf dem Bauernhof leben kann. Manchmal wünscht man sich, dass es etwas später aufstehen würde, denn sein Weckruf ist sehr laut.

4

Mein ist aus Metall. Man findet es am Waschbecken. Wenn man es aufdreht, kommt Wasser heraus.

2

Mein hat vier Hufe und frisst Gras. Du findest es häufig auf einer Weide. Auf ihm wollen viele Kinder gerne sitzen.

6

› sinnentnehmend lesen

1 Immer zwei Aussagen beschreiben dasselbe Teekesselchen. Male die Schilder an den Teebeuteln in der gleichen Farbe an.

2 Notiere die Nummern der Aussagen, die zusammengehören. Schreibe das Lösungswort auf.

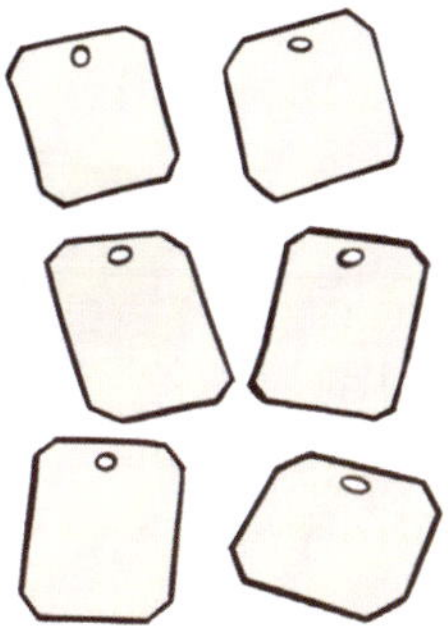

_____

_____

_____

3 Was macht ein Teekesselchen aus? Kreuze an.

☐ Ein Teekesselchen ist ein Wort, das zwei Bedeutungen haben kann.

☐ Ein Teekesselchen ist ein Satz, der zwei Bedeutungen haben kann.

☐ Auf ein Teekesselchen treffen immer drei Aussagen zu.

☐ Auf ein Teekesselchen trifft immer nur eine Aussage zu.

4 Zeichne passend zu den beiden Bedeutungen, die das Teekesselchen **Schloss** haben kann.

› einem Text Informationen entnehmen
› die Kernaussage eines Textes verstehen
› Bilder zu einem Teekesselchen gestalten

Der Wunschring

Der Schöne Brunnen ist eine bekannte Sehenswürdigkeit in Nürnberg. Der Brunnen wurde im Jahr 1396 gebaut und ist in der Nähe des Rathauses am Rande des Hauptmarkts zu finden.

5 Der Schöne Brunnen ist von einem Eisengitter umgeben. Einer Legende nach soll es Glück bringen, an einem Ring im Gitter des Brunnens zu drehen. Aus diesem Grund bilden sich regelmäßig lange Warteschlangen an der Vorderseite des Brunnens, weil

10 viele Touristen an dem goldfarbenen Ring drehen wollen. Die Touristen wissen oft nicht, dass sich auf der Rückseite des Brunnens ein weiterer Ring befindet. Dieser ist jedoch viel unscheinbarer, da er aus Eisen ist. Die meisten Einheimischen drehen an diesem Ring, weil sie

15 glauben, dass dies der Ring ist, der wirklich Glück bringt. Welcher Ring ist wohl der wahre Wunscherfüller?

 **1** Unterstreiche die Antworten im Text mit der passenden Farbe.

> Blau: Wann wurde der Schöne Brunnen gebaut?
> Grün: Wo ist der Schöne Brunnen in der Stadt zu finden?
> Rot: Wer dreht meistens am goldfarbenen Ring?
> Gelb: Wer dreht meistens am eisernen Ring?

 **2** Warum drehen die Menschen an den Ringen des Brunnens? Schreibe.

_____

_____

40 › Antworten im Text finden und markieren
   › Fragen zum Text beantworten
   › den eigenen Lernstand einschätzen

Spurensicherung: Der 4. Hinweis!

Uno hat in einer Ecke der Höhle eine Spielzeug-Rakete gefunden.
Sie sieht richtig echt aus. Umut legt die Rakete in seinen Rucksack.
Danach düsen die Lupe-Kinder zur Skaterbahn.
Mit den Hunden suchen sie alle Büsche rundherum ab.
Paul hat Glück und ruft: „Hier ist eine Startrampe!
Die gehört zur Rakete."
Die Lupe-Kinder fahren weiter zum Bolzplatz.
Dort trifft Umut zwei Kinder, die Fußball spielen.
Aber er hat keine Zeit, mitzuspielen.
„Volltreffer!", ruft Umut und zieht eine Mars-Station
aus einem hohlen Baum.
Plötzlich sagt Lulu aufgeregt: „Schaut mal da drüben!"
„Wo?", fragt Elsa. Schnell macht sie mit dem Team-Tablet
kurz hintereinander zwei Fotos.

? Wie viele Unterschiede gibt es zwischen den beiden Fotos?

4a ☐ 6 Unterschiede

4b ☐ 5 Unterschiede

6 w

5 g

Fantastische Geschichten

Kathi ist 10 Jahre alt. Ihr größter Traum ist es, einmal eine berühmte
Schriftstellerin zu werden. Als Schriftstellerin schreibt man eigene
Bücher und kann diese veröffentlichen.
Kathi schreibt so gerne Geschichten und kann ihrer Fantasie dabei
5 freien Lauf lassen. Ihre neueste Geschichte handelt von einem
mutigen Mädchen, das viele Abenteuer erlebt. Zum Beispiel muss es
sich an Drachen vorbeischleichen oder einen Prinzen aus einer Höhle
befreien. Kathi hat sich ausgedacht, dass die Heldin ihrer Geschichte
eine kleine Fee trifft, die sie auf den spannenden Reisen begleitet und
10 unterstützt. Ein Name für die Heldin fehlt Kathi noch.
„Er soll richtig cool klingen", überlegt Kathi und kratzt sich
nachdenklich am Kopf, „Lora… Luna… Luana… Luana!
Das ist ein guter Name." Schon schreibt Kathi drauf los.
Zeile um Zeile füllt sich das Blatt.
15 Da klopft es auf einmal an Kathis Zimmertür. „Herein!", ruft Kathi.
Es ist Lulu. „Hi, Kathi! Was machst du?", fragt Lulu neugierig.
Kathi entgegnet: „Ich schreibe eine Geschichte." Lulu ist begeistert:
„Wow, lass mal sehen!" Kathi reicht ihr den Zettel und Lulu liest vor:

Luana ist eine wahre Heldin. Sie beschützt und hilft jedem.

Luana reitet auf ihrem _____ durch das wundersame Reich.

Sie reitet vorbei an _____ und Flüssen.

Dann trifft sie auf einen Zwerg. Der kleine Mann ist nur halb so groß

wie _____ und heißt Gunnar.

Er braucht Luanas Hilfe. Denn er hat seine Zwergenmütze verloren.

„Ich werde deine Mütze finden", meint Luana und ruft ihre kleine Freundin,

die Fee, herbei.

Ihre Freundin kann bei solchen Problemen _____. Die Fee nutzt

ihre Zauberkraft und plötzlich kann Luana eine magische Glitzerspur auf dem Boden erkennen. Sie folgt der Spur bis zu einem _____ .

Dort entdeckt sie einen Elf hinter einem Baum. Er hält die Zwergenmütze in der Hand und kichert. „Hihi, und? Hat der alte Gunnar sich schön erschreckt, weil seine Mütze verschwunden ist?", fragt der Elf schadenfroh.

Luana antwortet: „Du findest das lustig, aber Gunnar möchte seine Mütze unbedingt wiederhaben."

Der Elf schaut nun etwas _____ und gibt Luana die Mütze.

Luana bringt sie ihrem Besitzer zurück und alle sind _____.

Lulu schaut Kathi erstaunt an: „Du bist wirklich eine echte Schriftstellerin, Kathi - ganz große Klasse." Kathi freut sich und kann es kaum erwarten, sich die nächste Geschichte auszudenken.

 **1** Setze die folgenden Wörter in die Lücken im Text ein.

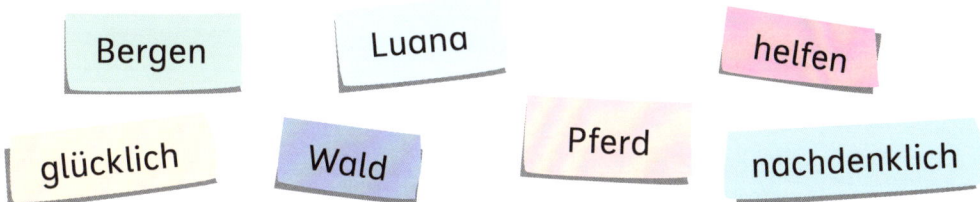

Bergen Luana helfen

glücklich Wald Pferd nachdenklich

 **2** Welche Wesen kommen in Kathis Geschichte vor? Kreise ein.

Drache	Fee	Prinzessin
Hexe	Elf	Zwerg
Nixe	Zauberer	

› sinnentnehmend lesen
› Sätze vervollständigen
› einem Text Einzelinformationen entnehmen

3 Welche Gedanken passen zu Kathi? Male an.

Ich wäre so gerne eine Schriftstellerin.

Ich liebe es, mir Geschichten auszudenken.

Luana ist ein toller Name.

Schreiben ist sehr anstrengend.

Am liebsten lese ich Bücher.

 4 Streiche das falsche Wort in jedem Satz durch.

Eine Schriftstellerin liest schreibt Romane.

Kathis Geschichten handeln von einem mutigen ängstlichen Mädchen.

Die Heldin aus Kathis Geschichte heißt Luna Luana .

Lulu Umut ist neugierig auf Kathis Geschichte.

 **5** Bringe die Aussagen in die richtige Reihenfolge.
Trage die Zahlen von 1 bis 5 ein.

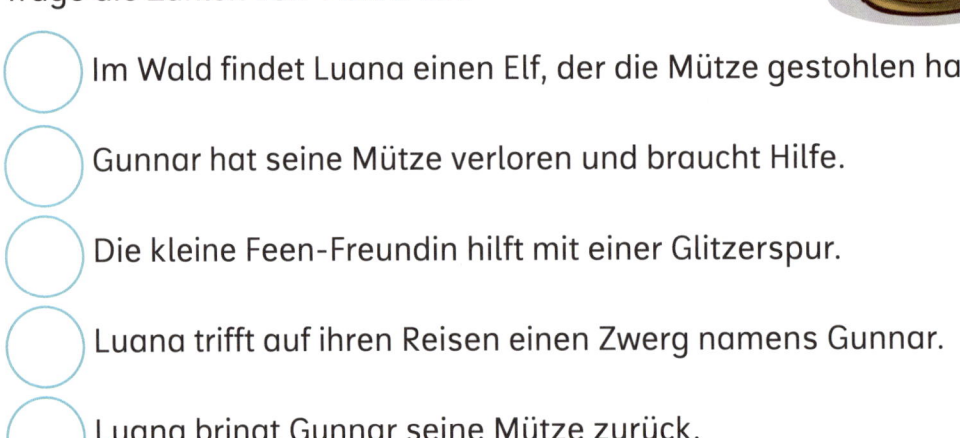

◯ Im Wald findet Luana einen Elf, der die Mütze gestohlen hat.

◯ Gunnar hat seine Mütze verloren und braucht Hilfe.

◯ Die kleine Feen-Freundin hilft mit einer Glitzerspur.

◯ Luana trifft auf ihren Reisen einen Zwerg namens Gunnar.

◯ Luana bringt Gunnar seine Mütze zurück.

› Aussagen zum Text überprüfen
› inhaltlich richtige Sätze bilden
› Textinhalte in die richtige Reihenfolge bringen

Kino früher und heute

Ins Kino gehen bedeutet Spaß, Aufregung und vielleicht
auch Entspannung. Denn man sitzt in großen bequemen
Sesseln und kann warmes, duftendes Popcorn essen,
während auf der riesigen Leinwand ein toller Film in bester
5   Farb- und Tonqualität läuft. Aber das war nicht immer so.

Die ersten Filmvorführungen für ein zahlendes Publikum
gab es 1895. Allerdings wurden die Filme damals
auf Jahrmärkten in Zelten vorgeführt. Manchmal gab es
Bänke, auf die man sich setzen konnte. Wenn man Pech
10 hatte, musste man sich den Film im Stehen anschauen.
Allerdings dauerten die Filme nur wenige Minuten.
Sie waren in schwarz-weiß und ohne Ton. Es wurden
alltägliche Situationen oder gespielte Witze gezeigt.

Bald darauf wurden die Filme länger, beliebter und es
15 wurden extra Kinogebäude dafür gebaut.
Kinos wurden so prächtig wie Paläste ausgestattet.
Es gab Samtvorhänge und Kronleuchter.
Deshalb wurden Kinos auch „Filmpaläste" genannt.
Zu dieser Zeit war es etwas sehr Besonderes, ins Kino
20 zu gehen. Die Menschen zogen ihre beste Kleidung
für den Kinobesuch an.
Ein Orchester spielte im Graben vor der Leinwand und
erzeugte so die Musik des Films.

Im Jahr 1902 wurde der erste Farbfilm und 1926 der erste
25 Tonfilm produziert. Ab diesem Zeitpunkt ähnelten die Filme
viel mehr dem, was wir heute kennen.
Sehr lange war das Kino äußerst beliebt.
Sogar Nachrichten wurden dort angeschaut.
Allerdings hatten ab den 1970er Jahre die meisten Leute

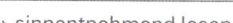

› sinnentnehmend lesen

30 einen Fernseher zuhause und fast niemand ging noch ins Kino.
Viele Kinos mussten schließen.

Erst seit den 1990er Jahren gingen die Menschen wieder häufiger
ins Kino. Dies lag daran, dass die Ton- und Bildqualität von Kinofilmen
nun bedeutend besser war, als auf einem Fernseher.

35 Man konnte das Gefühl haben, mitten im Film zu sein.
So schaffte es das Kino, wieder etwas Besonderes zu werden.

 1 Unterstreiche die Antworten im Text mit der passenden Farbe.

> Rot: Wann gab es die erste Filmvorführung?
> Blau: Wie nannte man Kinos früher noch?
> Grün: Wann wurde der erste Tonfilm produziert?
> Gelb: Was wurde außer Filmen noch in Kinos angeschaut?

 **2** Bringe die Bilder in die richtige Reihenfolge. Trage die Zahlen 1-4 ein.

› sinnentnehmend lesen
› Antworten im Text finden und markieren
› Textinhalt und Bilder aufeinander beziehen

 3 Ordne die Aussagen der passenden Jahreszahl zu. Verbinde.

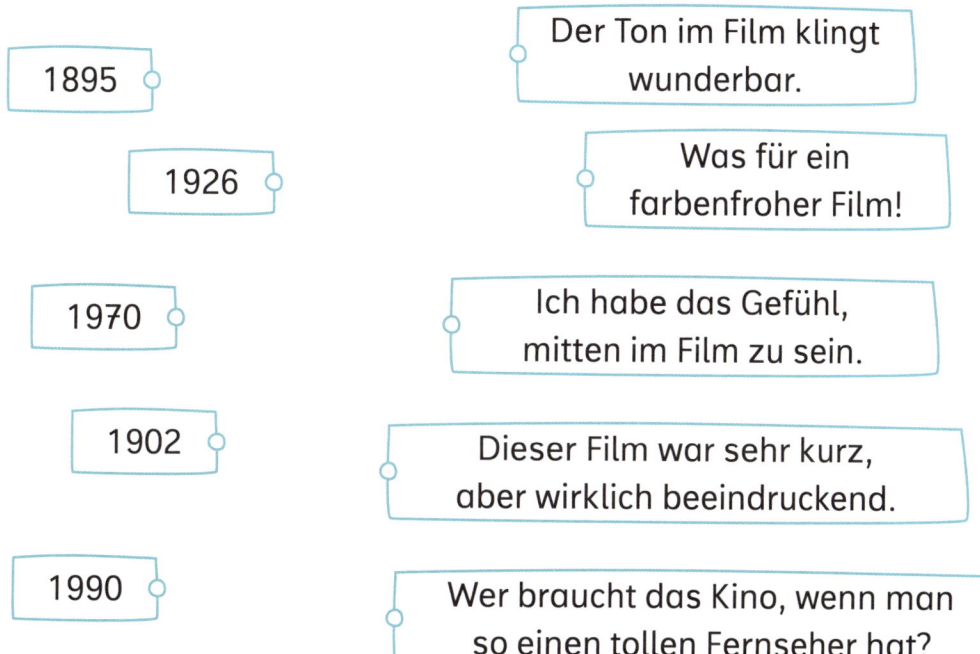

1895

1926

1970

1902

1990

Der Ton im Film klingt wunderbar.

Was für ein farbenfroher Film!

Ich habe das Gefühl, mitten im Film zu sein.

Dieser Film war sehr kurz, aber wirklich beeindruckend.

Wer braucht das Kino, wenn man so einen tollen Fernseher hat?

 **4** Beantworte die Fragen. Schreibe.

Warum war es nicht so schlimm, wenn man bei den ersten Filmvorführungen stehen musste?

_____

Wie wurde früher die Musik zu einem Film erzeugt?

_____

Warum mussten in den 1970er Jahren viele Kinos schließen?

_____

_____

› Aussagen zum Text zuordnen
› Fragen zum Text beantworten

Das Internet-Quiz

1 Auf jeder Karte ist eine Antwort richtig. Kreuze an.

1 Wenn du im Internet unterwegs bist, nennt man das:

- a surfen (I)
- b fliegen (A)
- c fahren (E)

2 Was ist eine App? (ausgesprochen: Äpp)

- a App ist die Abkürzung für Apfel. (M)
- b App bedeutet Anwendung oder Programm. (N)
- c App ist ein anderes Wort für Handy. (L)

3 Darf man Musik aus dem Internet herunterladen?

- a Ja, aber nur von sicheren Seiten, die das erlauben. (T)
- b Ja, aber nur, wenn es Musik einer berühmten Person ist. (K)
- c Nein, das ist niemals erlaubt. (S)

4 Wem darfst du als Kind im Internet deine Adresse verraten?

- a Nur jemandem, der genauso alt ist wie ich. (O)
- b Niemandem, denn ich weiß nie, wer im Internet mitliest. (E)
- c Nur einem Erwachsenen. (A)

› sinnentnehmend lesen
› Fragen beantworten

5 Wie kannst du Informationen im Internet finden?

a) Das geht nur mit bestimmten Computern. (P)

b) Ich kann bei einem Internet-Lexikon anrufen. (H)

c) Ich kann eine Kinder-Suchmaschine benutzen. (R)

6 Wenn du eine Verbindung mit dem Internet hast, bist du:

a) online (N)

b) offline (G)

c) out (F)

7 Einen Touchscreen bediene ich mit:

a) der Maus (U)

b) dem Finger (E)

c) der Stimme (I)

8 Was gehört nicht ins Internet?

a) ein selbst geschriebener Text (R)

b) ein Rezept von meinem Lieblingsessen (L)

c) ein peinliches Foto von mir (T)

2 Trage die Buchstaben ein und lies das Lösungswort.

1	2	3	4	5	6	7	8

Detektivwissen überprüfen

Checkliste für die Nutzung des Computers

- Ich esse und trinke nicht, wenn ich am Computer arbeite.
- Ich drucke nur etwas aus, wenn ich es wirklich brauche.
- Ich gehe vorsichtig mit den Teilen des Computers um.
- Ich setze mit meinen Eltern eine Zeit fest, wie lange ich höchstens am Computer bleiben darf.
- Ich frage meine Eltern, bevor ich das Internet benutze.
- Im Internet besuche ich nur Seiten, die meine Eltern erlaubt haben.
- Ich gebe keine persönlichen Daten, wie zum Beispiel meine Adresse, ein.
- Bevor ich gehe, schließe ich alle Programme und schalte den Computer aus.

 **1** Beantworte die Fragen. Schreibe.

Wie viele Regeln stehen auf der Checkliste?

_____

Wen sollst du fragen, bevor du das Internet nutzt?

_____

Was sollst du tun, bevor du deinen Platz am Computer verlässt?

_____

 **2** Welche Regel der Checkliste ist abgebildet? Schreibe die Nummer auf.

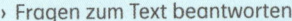
› Fragen zum Text beantworten
› Textinhalt und Bilder aufeinander beziehen
› den eigenen Lernstand einschätzen

Spurensicherung: Der 5. Hinweis!

Elsas Fotos zeigen den Bolzplatz. Fünf Dinge haben sich auf dem zweiten Foto verändert. Den Detektiven fällt besonders der blonde Junge auf.
Umut ruft: „Der war doch vorhin beim Gartenhäuschen!
Verfolgt der uns?"
Lulu flüstert: „Auf seinem Pulli ist ein roter Planet! Das ist der Mars."
Paul winkt dem Jungen zu: „Hallo! Hast du uns das sprechende Paket geschickt?" Der Junge zuckt nervös zusammen.
Dann schnappt er sich sein Rad und flitzt los.
Sofort düsen die Kinder mit den Hunden hinterher.
Ein paar Straßen weiter verschwindet der Junge
in einem gelben Haus.
Elsa klingelt, doch es macht niemand auf.

? Der blonde Junge wohnt in einer Straße, die nach Tieren benannt ist. Welche Tiere sind es?

| | 5a Bären | | 5b Bienen | |

5a — **i**

5b — **e**

Maras Robotertraum

Mara liegt auf ihrem Bett und ist in eine Kinderzeitschrift
vertieft. Vorne auf der Zeitschrift ist der Schriftzug *WifüKi*
zu erkennen. Das ist die Abkürzung für Wissen für Kinder.
Jeden Monat kauft Mara die Zeitschrift am Kiosk und ist
5   gespannt, um was es diesmal in der Ausgabe gehen wird.

Im *WifüKi* werden immer interessante Sachen aus den
Themenbereichen Natur und Technik erklärt.
Mara hat zum Beispiel schon erfahren, welche die stärksten
Tiere der Welt sind, warum Schnecken über eine Messerklinge
10   kriechen können oder wie ein Astronaut im Weltall atmen kann.
Dieses Mal trägt die Zeitschrift den Titel „Roboter".
Maras Augen huschen lesend über die Seiten. Sie betrachtet
die Bilder und Zeichnungen und staunt besonders über ein
Mädchen in ihrem Alter, das zusammen mit seiner Mama
15   einen eigenen Roboter gebaut hat, der laufen und winken kann.
Dieser Bericht bringt Mara zum Träumen. Wenn sie auch
so einen Roboter bauen könnte, was sollte er dann können?

Nachdenklich schaut Mara zu ihrem Schreibtisch hinüber.
Dort liegt noch ihre Deutschhausaufgabe. Vorhin hat Mara
20   einiges im Heft wegradieren müssen und dann erst einmal eine
Pause gebraucht und sich mit ihrer Zeitschrift auf das Bett gelegt.
Nun kann Mara von ihrem Bett aus die vielen kleinen
Radiergummiraspeln sehen, die über den ganzen Tisch verteilt
sind. Das sieht ganz schön dreckig aus.
25   „Wie praktisch wäre es", denkt Mara, „wenn ich einen ganz
kleinen Roboter bauen könnte, der auf dem Schreibtisch
herumfahren und die Radiergummiraspeln einsammeln würde.
Wie könnte mein Roboter aussehen?"
Mara schließt die Augen und stellt sich einen kleinen Roboter
30   mit roten und blauen Blinklichtern und einem winzigen Schlauch

vor, der auf drei kleinen Rädern über ihre Schulhefte saust.
Bei dem Gedanken muss Mara grinsen. „Wenn ich groß bin, muss ich
so einen Roboter unbedingt erfinden!", nimmt sie sich fest vor und
vertieft sich dann wieder in ihre Zeitschrift.

 1 Beantworte die Fragen. Gib an, in welcher Zeile du die Information
gefunden hast.

Was liest Mara auf dem Bett?

_____

Zeile: _____

Wofür steht die Abkürzung *WifüKi*?

_____

Zeile: _____

Wie oft im Monat holt sich Mara die Zeitschrift?

_____

Zeile: _____

Wo kauft Mara die Zeitschrift?

_____

Zeile: _____

Welche Themenbereiche werden in der Zeitschrift behandelt?

_____

Zeile: _____

› sinnentnehmend lesen
› Fragen zum Text beantworten
› Teststellen finden und benennen

53

2 Welche Ausgabentitel der Zeitschrift besitzt Mara? Kreuze an.

☐ Überleben im Weltall   ☐ Die größten Tiere der Welt

☐ Unter dem Meer   ☐ Die stärksten Tiere der Welt

☐ Einheimische Schnecken   ☐ Roboter

3 Worüber staunt Mara besonders? Schreibe.

_____

_____

_____

4 Welcher Roboter passt zu Maras Vorstellung? Kreuze an.

5 Welche Aufgabe würde Maras Roboter übernehmen? Schreibe.

_____

_____

_____

_____

› einem Text Informationen entnehmen
› Fragen zum Text beantworten
› Textinhalt und Bilder aufeinander beziehen

Der einsamste Wal der Welt

Es gibt ungefähr 80 verschiedene Walarten auf
der Welt. Viele davon unterhalten sich über das
Ausstoßen von Tönen. Diese Töne werden oft
auch als Walgesang bezeichnet. Wenn ein Wal
5   also singt, unterhält er sich mit anderen Walen.
Die Töne, die ein Wal ausstößt, haben bestimmte
Tonhöhen. Der Fachbegriff für die Tonhöhe ist
Frequenz. Die Frequenz wird in der Einheit Hertz
(abgekürzt Hz) gemessen.

10 Der sogenannte 52-Hertz-Wal besitzt einen
besonderen Gesang und wird deshalb auch
der einsamste Wal der Welt genannt und das
aus folgendem Grund:
Wie der Name es schon sagt, stößt er Töne
15 mit der Frequenz von 52Hz aus. Mithilfe von
Unterwassermikrofonen wurde herausgefunden,
dass der 52-Hertz-Wal viel und laut singt.
Aber noch nie konnte eine Antwort eines
anderen Wales aufgezeichnet werden.
20 Deshalb geht man davon aus, dass sich der
52-Hertz-Wal nicht mit anderen Walen
verständigen kann, weil er auf einer Tonhöhe
singt, die andere Wale vermutlich nicht hören
oder nicht gut verstehen können.
25 Aus diesem Grund schwimmt der 52-Hertz-Wal
wahrscheinlich auch allein durch die Weltmeere.

Bisher hat kein Mensch diesen besonderen Wal
zu Gesicht bekommen. Nur seine Gesänge
werden seit 1989 aufgezeichnet.
30 Da niemand das Tier je gesehen hat, ist bisher

› sinnentnehmend lesen

55

auch noch nicht geklärt, zu welcher Walart der
52-Hertz-Wal gehört. Es gibt zum einen die
Überlegung, dass es sich beim 52-Hertz-Wal
um eine Kreuzung zwischen zwei verschiedenen
35 Walarten handeln könnte und der Wal deshalb
so anders singt.

Zum anderen gibt es die Überlegung, dass das
Tier zu einer bereits bekannten Walart gehört
und sich nur aufgrund eines Sprachfehlers nicht
40 mit seinen Verwandten unterhalten kann.
Ob eine dieser Vermutungen richtig ist, muss von
der Wissenschaft noch herausgefunden werden.

 **1** Was stimmt? Was stimmt nicht? Was steht nicht im Text? Kreuze an.

	👍	👎	👁
Es gibt genau 80 Walarten auf der Welt.	☐	☐	☐
Viele Walarten sind vom Aussterben bedroht.	☐	☐	☐
Viele Wale verständigen sich über das Ausstoßen von Tönen.	☐	☐	☐
Die Töne, die Wale ausstoßen, nennt man auch Walgesang.	☐	☐	☐
Der Fachbegriff für die Tonlänge ist Frequenz.	☐	☐	☐
Die Frequenz wird in der Einheit Hertz gemessen.	☐	☐	☐

› sinnentnehmend lesen
› Aussagen zum Text überprüfen

 **2** Unterstreiche die Antworten im Text mit der passenden Farbe.

Blau: Wie wird der 52-Hertz-Wal noch genannt?
Rot: Mithilfe welcher Geräte wurde der Gesang des 52-Hertz-Wals aufgenommen?
Gelb: Wie singt der 52-Hertz-Wal?
Grün: Was konnte noch nie aufgezeichnet werden?
Braun: Seit wann werden die Gesänge des Wals aufgezeichnet?

3 Warum konnte der 52-Hertz-Wal bisher noch keiner Walart zugeordnet werden? Kreuze an.

☐ Die Gesänge des Wals konnten bisher nicht aufgezeichnet werden, weil er zu leise singt.

☐ Der Wal wurde bisher noch nie gesichtet.

☐ Der Wal ähnelt in seinem Äußeren keiner bekannten Walart.

4 Welche zwei Vermutungen zur Herkunft des 52-Hertz-Wales gibt es? Schreibe.

1. Vermutung: _____

_____

_____

2. Vermutung: _____

_____

_____

Tierische Träume

Puschelschwanz und rotes Fell,
über Äste flitzen, flink und schnell,
rauf und runter jeden Baum,
ein Berg von Nüssen ist sein Traum.

Runde Ohren, die Augen klein,
streift durch die Wälder meist allein,
pflegt sein Fell, dicht und braun,
ein Topf voll Honig ist sein Traum.

Gute Nase, schnelle Beine,
geht gern Gassi an der Leine,
schnüffelt an jedem Busch und Zaun,
ein dicker Knochen ist sein Traum.

Lange Ohren, große Füße,
sitzt auf dem Acker im Gemüse,
läuft er weg, hört man ihn kaum,
eine dicke Karotte ist sein Traum.

Spitzer Schnabel, einen Ring am Bein,
legt in das Nest seine Eier hinein,
putzt seine Federn und den weichen Flaum,
eine Schale voller Körner ist sein Traum.

 **1** Verbinde die Träume mit den passenden Strophen.

 **2** Welche Tiere werden in den Strophen beschrieben? Schreibe.

1 _____

2 _____

3 _____

4 _____

5 _____

 **3** Was passt zu den Zeilen der Strophe? Verbinde.

1. Zeile	Traum des Tieres
2.+3. Zeile	Tätigkeiten des Tieres
4. Zeile	Aussehen des Tieres

4 Sortiere die Zeilen in der richtigen Reihenfolge. Nummeriere.

◯ ein Napf voll Milch ist ihr Traum.

◯ Schnurrbarthaare, weiche Tatzen,

◯ jagt gern Mäuse oder Spatzen,

◯ hier und da ein leises Miaun,

› einem Text Informationen entnehmen
› den inhaltlichen Aufbau einer Strophe erfassen
› die Verse einer Strophe ordnen

Erinnerungen

Lulu, Elsa, Paul und Umut sitzen in Elsas Garten.
Sie schauen sich gemeinsam Bilder ihrer Einschulung an
und schwelgen lachend in Erinnerungen.
„Schau mal, wie klein wir damals noch alle waren", kichert
5 Lulu und zeigt Elsa ein Foto von der Einschulungsfeier.
Elsa grinst und erinnert sich: „Ich weiß noch, ich war an dem
Tag so gespannt, was in meiner Schultüte drin sein würde.
Ich hatte eine blaue Tüte mit grünen Streifen und roten
Marienkäfern. Mama hatte sie im Kindergarten gebastelt."
10 „Meine Tüte war unten auch blau, oben aber lila.
Papa hatte sie mir im Laden gekauft", erinnert sich Lulu.
Paul weiß auch noch, wie seine Schultüte ausgesehen hat:
„Meine dunkelgrüne Schultüte sah auch toll aus. Darauf
waren lauter rote Sterne. Mein Papa hat sie damals für mich
15 gebastelt." Umut kratzt sich am Kopf. Er kann sich nicht mehr
ganz so gut erinnern: „Ich glaube, ich hatte eine gelbe
Schultüte mit bunten Punkten. Eigentlich war es die Schultüte
meines großen Bruders. Aber ich wollte sie damals unbedingt
haben und da hat er sie mir geliehen."

 **1** Was gehört zusammen? Male an und verbinde passend.

von Mama gebastelt

vom Bruder geliehen

im Laden gekauft

von Papa gebastelt

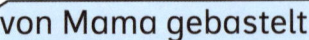

Spurensicherung: Der 6. Hinweis!

Elsa schreibt in ihren Block: *Bienenstraße 17???*
Hier stimmt doch was nicht!
Weil der Junge nicht aufmacht, fahren die Detektive weiter zum Park.
Im löchrigen Mast des alten Karussells findet Lulu einen Mars-Rover.
Strahlend ruft sie: „Jetzt ist das Set komplett!"
TEAM LUPE fährt zum Bachsteinweg 44, um das Set abzugeben.
Dort öffnet ein netter Junge.
„Uii! Mein Forscherset", freut er sich.
„Wo habt ihr das denn her?"
Paul berichtet, wie sie zu dem Forscherset kamen und erzählt,
dass sie dem blonden Jungen in die Bienenstraße gefolgt sind.
Esad runzelt die Stirn. „Bienenstraße? Hm ... Da wohnt Mika!
Wartet mal. Ihr sagt, das Paket hatte einen Chip? Mika ist in unserer
Technik-AG und kennt sich mit so was aus. Ich bin übrigens Esad."

? TEAM LUPE fährt mit Esad zur Bienenstraße. Welcher ist der kürzere
Weg? Er führt nicht am Kiosk vorbei.

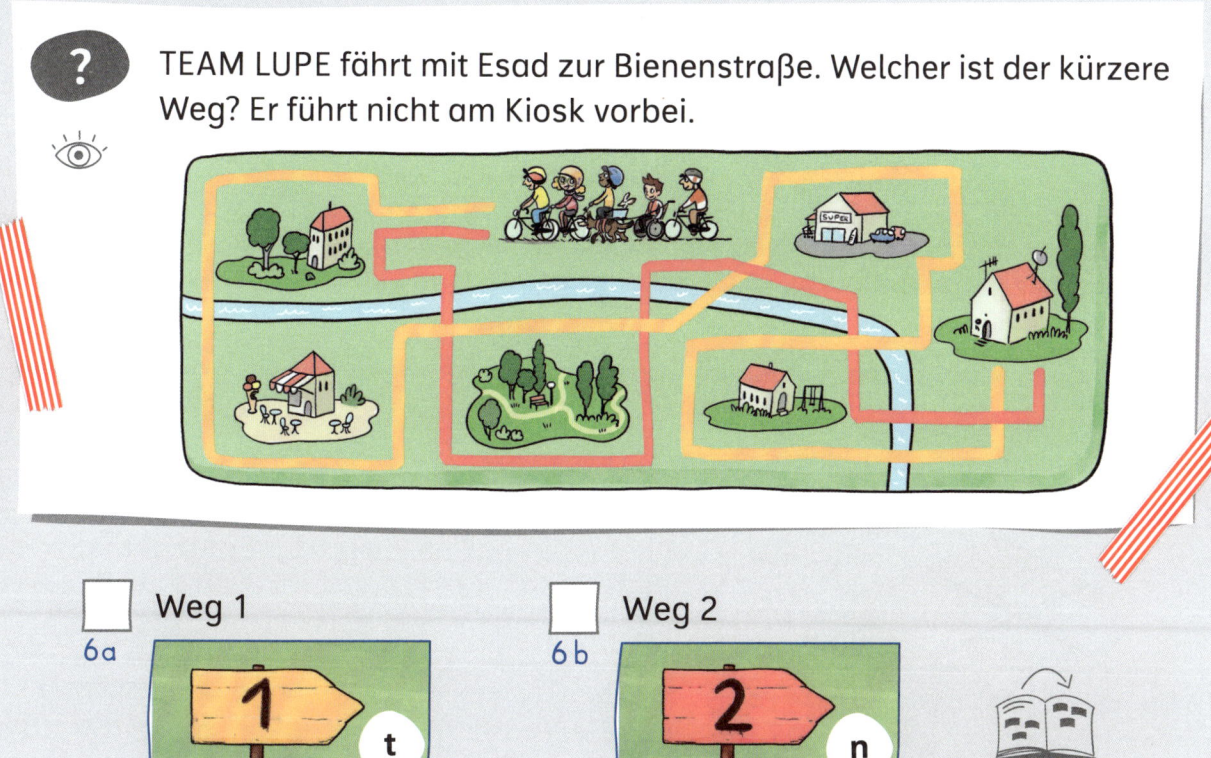

☐ Weg 1   ☐ Weg 2

6a **1** t   6b **2** n

Die Fallakte: <u>Das sprechende Paket</u>

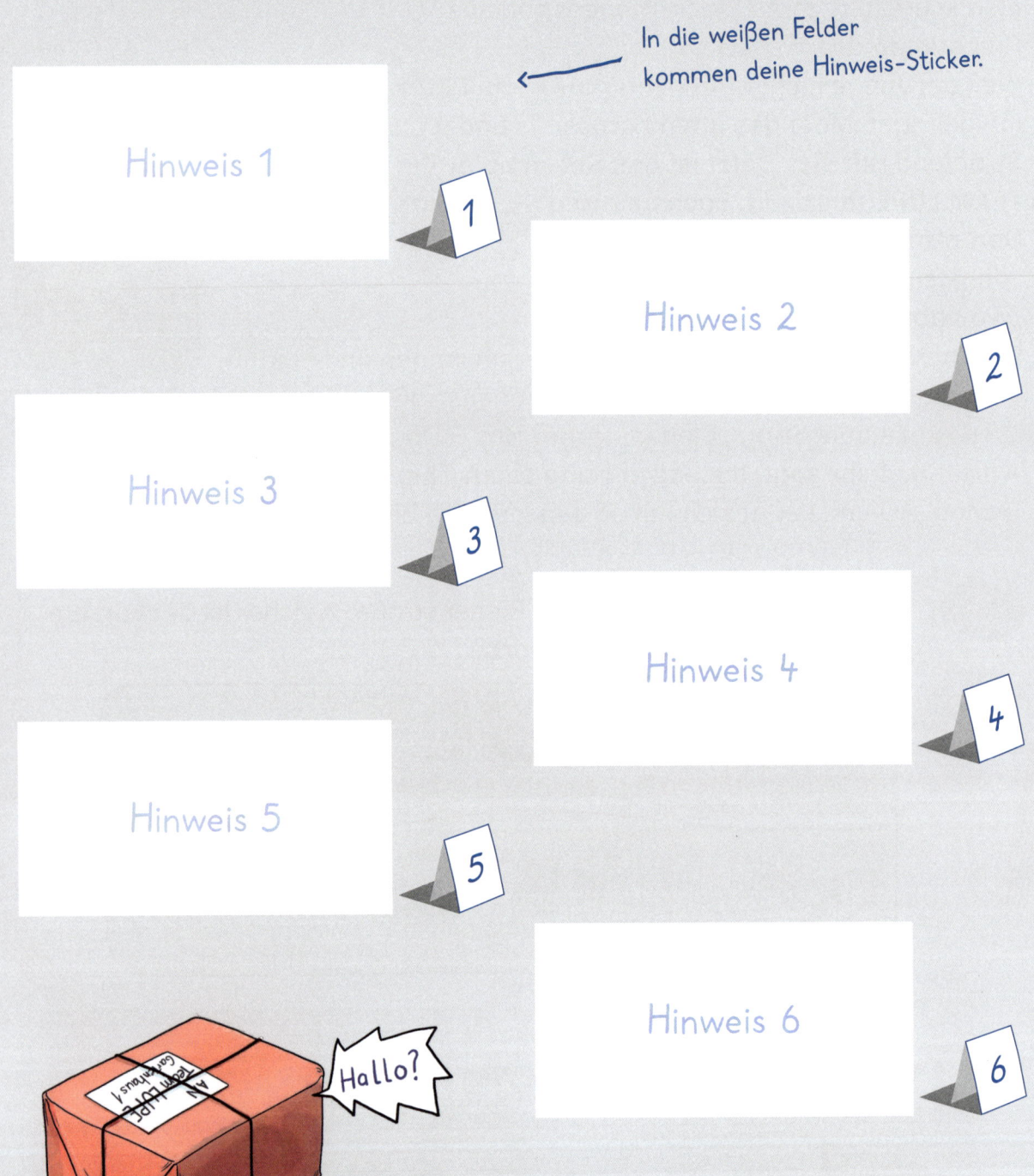

In die weißen Felder kommen deine Hinweis-Sticker.

Hinweis 1

1

Hinweis 2

2

Hinweis 3

3

Hinweis 4

4

Hinweis 5

5

Hinweis 6

6

Hallo?

Jetzt fehlt dir nur noch ein PASSWORT.
Trage aus jedem Sticker den Buchstaben
in das passende Kästchen ein.

???????????????

| 1 | 2 | 3 | 4 | 5 | 6 |

Glückwunsch!
Gemeinsam mit TEAM LUPE hast du den Fall gelöst.
Das Wort ist dein PASSWORT für:
www.team-lupe-ermittelt.de/paket

Brauchst du dabei Hilfe?
Frage einen Erwachsenen.

ACHTUNG: DAS ENDE DES FALLS

ACHTUNG: DAS ENDE DES FALLS

Diesmal macht der blonde Junge auf.
Esad sagt: „Hallo Mika!" Und Lulu fragt direkt: „Hast du das Set geklaut?"
Mika wird rot. „Ja. Entschuldige, Esad! Ich fand dein Set so toll und habe es mitgenommen, als es bei euch im Garten lag. Meine Eltern wollen mir so ein Set nicht kaufen."
„Ich glaub's nicht!", ruft Esad wütend.
Schnell sagt Mika: „Ich wollte dir das Set zurückbringen, aber ich habe mich so geschämt. Da habe ich die Teile versteckt und TEAM LUPE beauftragt, sie zu finden und dir zu bringen."
Esad seufzt. „Du hättest mich nur fragen müssen. Ich hätte es dir gerne ausgeliehen."
Lulu hat eine tolle Idee als Entschuldigung für Mika.
Mika soll Esad zeigen, wie man ein sprechendes Paket bastelt.

FALL GELÖST!

Viele Grüße!
Dein TEAM LUPE

RECHTE UND IMPRESSUM

Bildquellen:
|Asaro, Cesare, Wien: 86.2, 86.3. |Hagemann, Antje, Berlin: 3.1, 11.1, 11.2, 11.3, 11.4, 11.5, 11.6, 11.7, 21.1, 21.2, 21.3, 21.4, 31.1, 31.2, 31.3, 31.4, 41.1, 41.2, 41.3, 41.4, 51.1, 51.2, 51.3, 51.4, 61.1, 61.2, 61.3, 61.4, 62.1, 66.1, 66.2, 66.3, 66.4, 66.5, 66.6, 66.7, 66.8, 66.9, 66.10, 66.11, 66.12. |Holzapfel, Falk, Wien: 1.1, 1.2, 1.3, 1.4, 60.7, 60.8, 60.9, 60.10, 64.1, 85.1. |Lautenschläger, Anna-Katharina, Erlensee: 37.1, 37.3, 37.4. |Stapper, Michael, Berlin: Titel, Titel, Titel, Titel, Titel, 4.1, 5.1, 6.1, 6.2, 6.3, 7.1, 8.1, 8.2, 8.3, 8.4, 8.5, 8.6, 8.7, 8.8, 8.9, 8.10, 8.11, 8.12, 8.13, 8.14, 8.15, 9.1, 9.2, 9.3, 9.4, 9.5, 9.6, 9.7, 10.1, 12.1, 13.1, 13.2, 13.3, 13.4, 14.1, 15.1, 15.2, 15.3, 16.1, 16.2, 16.3, 16.4, 17.1, 17.2, 17.3, 17.4, 17.5, 17.6, 17.7, 18.1, 18.1, 20.1, 22.1, 22.2, 22.3, 23.1, 24.1, 24.2, 25.1, 26.1, 27.1, 27.2, 27.3, 27.4, 28.1, 30.1, 30.2, 30.3, 32.1, 33.1, 33.2, 33.3, 33.4, 33.5, 33.6, 33.7, 34.1, 34.2, 34.3, 34.4, 35.1, 36.1, 36.2, 36.3, 36.4, 38.1, 38.2, 38.3, 38.4, 38.5, 38.6, 38.7, 38.8, 38.9, 38.10, 38.11, 38.12, 39.1, 39.2, 39.3, 39.4, 39.5, 39.6, 40.1, 42.1, 44.1, 44.2, 45.1, 46.1, 46.2, 46.3, 46.4, 47.1, 48.1, 49.1, 50.1, 50.2, 50.3, 52.1, 54.1, 54.2, 54.3, 54.4, 55.1, 56.1, 58.1, 58.2, 58.3, 58.4, 58.5, 60.1, 60.2, 60.3, 60.4, 60.5, 60.6, 67.1, 67.2, 67.3, 67.4, 67.5, 67.6, 67.7, 67.8, 67.9, 67.10, 67.11, 67.12, 67.13, 68.1, 68.2, 68.3, 68.4, 86.1. |stock.adobe.com, Dublin: Danlin Media GmbH 37.2.

Druck A^5 / Jahr 2024
Alle Drucke der Serie A sind im Unterricht parallel verwendbar.

Redaktion: Rifka Behrendt
Krimigeschichte: Henriette Wich
Illustrationen: Iris Blanck (Antolinrabe)
Umschlaggestaltung: Stephanie Schober, mit Illustrationen von Michael Stapper
Layout: PER Medien, Braunschweig
Druck und Bindung: Westermann Druck GmbH,
Georg-Westermann-Allee 66, 38104 Braunschweig

ISBN 978-3-14-141494-3